평범한 사람들이 세상을 이기는 비밀

버티는 힘

평범한 사람들이 세상을 이기는 비밀

버티는 힘

초판 1쇄 인쇄 2025년 1월 20일
초판 1쇄 발행 2025년 2월 7일

지은이 박병학

발행인 백유미 조영석

발행처 (주)라온아시아
주소 서울특별시 서초구 방배로 180 스파크플러스 3F

등록 2016년 7월 5일 제 2016-000141호
전화 070-7600-8230　　**팩스** 070-4754-2473

값 19,500원
ISBN 979-11-6958-146-2 (13190)

라온북은 독자 여러분의 소중한 원고를 기다리고 있습니다. (raonbook@raonasia.co.kr)

평 범 한 사 람 들 이 세 상 을 이 기 는 비 밀

PERSEVERANCE

버티는

SECRET OF

힘

ALL TRIUMPHS

박병학 지음

나를 관리하고 감정의 주인이 되는 자기관리 실전 루틴

포기하지 않는다면, 포기하고 싶은 순간,
한 발 더 내디딘다면
바로 그때, 당신은 세상의 승자가 된다!

RAON
BOOK

RAON
BOOK

──────●　인생에서는 수많은 장애물을 만나며, 긴 실패의 연속으로 절망감에 빠질 수 있다. 저자는 목표를 세우고 작은 시도를 통해, 연속된 실패를 승리로 가는 징검다리로 삼는 법을 깨달았다. 이는 거대한 성공을 말하는 것이 아니라, 자신을 향한 작은 변화의 시도를 통해 절망 대신 희망의 세계로 나아가는 단초를 제공하는 것이다. 5초의 법칙을 활용해 "5-4-3-2-1"을 세며 무력함을 떨치고 나오는 계기가 될 것이라 믿는다. 병학이의 어렸던 모습이 떠오르며. 벌써 세월이 많이 지났음을 실감한다. 또한, 소중한 책의 추천사를 쓸 기회를 갖게 되어 감사하다.

_ 부평내과의원 원장 한기돈

──────●　밑도 끝도 없이 그저 빠른 부, 빠른 성공만을 쫓기 바쁜 현시대에 돌연변이 한 사람이 나타났다. 꾸준함, 강력한 책임의식, 10배 더 큰 목표로 향하는 과정을 지속하는 것이 가장 빠른 성공의 지름길임을 증명하는 남자, 매일 기적적인 성공을 쌓아나가

는 것이 결코 작은 변화가 아님을 깨닫게 해 주는 그는 진짜 성공
방식을 일깨우는 현명한 돌연변이다. 매일 증명하고, 행동하고, 기
적을 만드는 박병학 저자의 삶을 한 발, 한 발 따라가다 보면 어느
새 당신의 인생에도 기적이 펼쳐지기 시작할 것이다. 인생을 통째
로 바꾸고 싶은가? 기꺼이 이 책을 읽고 돌연변이가 되자!

_《10배의 부가 온다》 저자 **박서윤**

────● 어떤 상황에서도 흔들리지 않는 단단한 마음을 갖고
싶은가? 그렇다면 이 책을 집어 들어라.

이 책에는 불안감을 이기고 매일을 승리로 이끌어 낼
수 있는 힘을 안겨줄 인사이트가 가득하다.

_《미라클 브레인》 저자 **강환규**

————————• 대단한 사람의 대단한 이야기보다, 평범한 사람의 일상적인 이야기가 더 큰 용기와 위로가 될 때가 있다. 이 책이 바로 그런 책이다. 책을 읽으며 몇 번이고 깊은 공감을 느꼈다. 이 책이 바로 당신의 삶에 필요한 용기와 위로를 건네줄 것이다.

_《마흔, 이제는 책을 쓸 시간》 저자 부아c

버티는 힘, 새로운 길을 열다

　오늘날 우리는 전례 없는 경제적 불안과 급격한 사회적 변화를 경험하고 있다. 물가 상승으로 일상적인 생활비가 급증하고, AI와 기술의 급속한 발전이 우리의 삶 방식을 완전히 뒤바꾸고 있다. 특히 2020년 코로나 팬데믹 이후 원격 근무와 디지털 의존도가 급증하면서 사람들 사이의 물리적 거리는 자연스럽게 늘어났고, 이는 사회적 고립감과 정신적 스트레스를 증폭시켰다. 매일 아침 뉴스에 등장하는 경제 위기와 사회적 갈등의 소식은 우리에게 끊임없는 불안감을 안겨준다.

　이러한 혼란스러운 시기 속에서 많은 사람들이 절망감을 느끼며 앞으로의 삶에 대해 방황하고 있다. 나도 마찬가지였다. 나는 그런 상황에서도 버텨야 한다는 메시지를 전하고 싶다. '인생은 고통'이라는 말이 있다. 지금까지 살아오면서 힘들지 않았던 적이 있었던가? 그렇다고 그 과정에서 모든 사람이 절망감만 가지고 사는 것은 아니다. 흔히 말하는 '위기 속의 기회'를 잡은 누군가는 지금도 꾸준히 성장하고 있다.

　나는 과거 5년간의 수험 실패와 수많은 좌절을 겪으며 인생의 방향을 잃은 적이 있었다. 최선을 다해 열심히 살았던 것 외에 나에게 남은 것은 세상으로부터 도망치고 싶은 패배감과 공황, 우울감뿐이었다. 인생의 밑바닥까지 내려가 보니 도대체 인생은 무엇인지, 나는 왜 살아가는지에 대한 근본적인 질문을 스스로 던지게 되었다. 그리고 그 절망의 늪에서 다시 일어서고 싶은 간절함이 생겼다. 한 번뿐인 인생에서 이대로 무너지고 싶지 않았기 때문이다.

　어느 날 우연히 읽게 된 한 자기계발서가 변화를 결심하게 해주었다. 하루를 어떻게 시작하느냐가 삶의 질을 크게 변화시킬 수 있다는 것을 깨달았다. 조금 더 일찍 일어나기, 잠에서 깨자마자 이불을 정리하기, 플래너를 작성해 하루를 계획하기, 짧은 명상과 간단한 운동으로 몸을 풀어주는 것. 이런 작은 변화들이 내 생활을 어떻게 디자인하고 바꿀 수 있는지를 직접 경험하게 되었다.

　처음에는 힘들었지만, 하루하루 반복하다 보니 점차 습관이 되더라. 그때부터 내 삶은 조금씩 변하기 시작했다. 나만의 루틴은 하루를 새로운 시각으로 바라보게 했고, 그저 견디기만 하던 일상이 달라지기 시작했다. 유년 시절 기관지 천식으로 고생하던 내가 마침내 하프 마라톤을 완주할 수 있었던 것도, 하루의 작은 실천들이 쌓여 이룬 큰 성장 덕분이었다.

　헤르만 헤세의 소설 『데미안』에서 "새는 알에서 나오기 위해 투쟁

한다. 알은 세계다. 태어나려고 하는 자는 누구든 하나의 세계를 파괴하여야 한다."라는 구절은 우리가 기존의 틀과 경계를 깨고 성장하기 위해서는 새로운 도전과 변화를 받아들여야 한다는 의미를 담고 있다. 이 책도 단순한 성공이나 자기계발을 이야기하려는 것이 아니다. 우리가 살아가며 마주하는 작지만 거대한 좌절들, 평범한 사람으로서 매일 맞서 싸워야 하는 일상 속에서 어떻게 버텨낼 수 있는지에 대한 이야기다.

내가 깨달은 것은 세상에 아무것도 내 마음대로 할 수 있는 것이 없었다. 그러나 단 한 가지 나 자신의 성장만큼은 내 마음대로 할 수 있더라. 변화는 고통과 불편함을 받아들이는 것이며, 생각이 말이 되고 말이 행동이 되는 과정이다. 그리고 이 세상에 공평한 것은 시간이다. 자신의 변화를 믿는 힘과 주어진 하루가 있다면 인생이라는 게임에서 무엇이든 할 수 있다.

내가 성장하면 주변 또한 달라지기 시작한다. 선한 영향력이 퍼져나가는 것이다. 나의 변화로 인해 운동과는 거리를 두던 아버지께서는 꾸준히 스트레칭과 산책을 시작하셨고, 평생 글자보다는 드라마를 좋아하시던 어머니께서는 이제 책을 읽기 시작하셨다. 그리고 누군가 단 한 명이라도 내 이야기에 귀를 기울이고 변화를 시작한다면, 이 책의 가치는 충분하다고 생각한다.

나 또한 새로운 성장을 위해 불편함을 선택했고, 책을 쓰기 시작했다. 책을 집필하는 기간은 그저 끊임없는 번뇌의 시간이었다. 무엇보다도 나의 내면에서 "네가 뭔데 책을 써? 그럴 자격이 있어? 이런 걸 누가 읽겠어?"라는 생각에 지치기도 했고 그만둘까 흔들리기도 했었다. 평소 글을 쓰는 것과는 거리가 멀었기에 당연히 미숙했으며 시간도 촉박했다. 하지만 누군가 단 한 명이라도 내 이야기에 귀를 기울이고 도움이 된다면 이미 이 책의 가치는 충분하다고 다시 한 번 스스로를 다독였다. 그리고 완벽보다 완수를 선택했다.

그 과정에서 느낀 점은, 버티는 힘이 결국 기회를 만들어 준다는 것이다. 어려운 상황은 변하지 않지만, 그 속에서도 관점을 바꾸고 한 걸음씩 나아가는 사람은 알에서 나오기 위해 투쟁 중인 것이다. 그 변화가 인생의 새로운 전환점이 될 것이며, 분명 과거의 알을 깨고 새로운 세상에 나올 것이다.

오늘도 나는 어김없이 새벽에 일어나 나만의 시간을 가지며 하루를 시작했다. 그리고 러닝을 하기 위해 공원에 나왔는데 길이 너무 미끄러운 것이 아닌가! 며칠 전에 내린 눈이 녹지 않고 얼어서 뛰다가는 다칠 수도 있겠다는 두려움이 먼저 엄습했다. 그래서 그냥 걷다가 들어가야겠다고 생각했는데, 문득 내 무의식에서 이런 이야기가 들리더라.

"여기는 녹았네. 그리고 이쪽 부분도 다 녹았네. 그러면 이쪽으로 가면 짧은 거리지만 뛸 수는 있겠다. 여기 딱 열 바퀴만 뛸까."

그리고 나는 뛰었다. 그냥 뛰었다. 뛰다 보니 갑자기 눈물이 흐르더라. 과거의 나는 상상도 할 수 없었던, 현재의 무의식에 감동한 뜨

거운 눈물이었다. 어릴 적부터 나는 의기소침했고 완벽주의자 성향이 강했다. 아무것도 내 마음대로 되는 것이 없었고 그저 세상에 뒤처진 패배자 같은 사람이었다.

항상 스스로를 자책했다. "왜 난 이거밖에 안 되지? 왜 난 강하지 못하지? 왜 난 이렇게 작심삼일뿐이지?" 그런데도 내면 깊은 곳에서는 성장하고 싶었다. 평범한 나도 할 수 있다는 것을 반드시 세상에 증명하고 싶었다. 그래서 나는 성공한 사람들의 공통된 습관을 분석하기 시작했다. 그런데 정말 하나같이 하는 말들이 똑같아서 어이가 없더라. 세상 사람들 누구나 다 알고 있는 그 방법들이었기 때문이다.

그들은 매일 운동을 하고, 책을 읽으며, 하루 일과를 기록하는 글쓰기를 실천했다. 운동, 독서, 글쓰기. 너무나도 단순하지만 중요한 것은 지속적인 노력이더라. 그래서 나도 뛰었다. 그래서 책을 읽었다. 그래서 글을 썼다. 그냥 했다. 매일 하지 못하기도 했고, 완벽하지도 못했지만, 내가 할 수 있는 만큼만 그냥 했다. 나 또한 그 과정에서 중요한 것은 자신을 믿고 꾸준히 나아가는 것임을 배웠다. 그리고 몇 년이 흐른 지금, 내 인생 첫 번째 책을 출간하게 되었다.

버티는 것은 단순히 힘든 상황을 참고 견디는 것이 아니다. 그것은 한 걸음 더 나아가기를 선택하는 것이며, 그 선택은 자신에게 새로운 가능성과 희망을 가져다준다. 내가 겪었던 여러 실패와 좌절은 비록 힘들었지만, 그 덕분에 더 강한 사람이 될 수 있었다. 새로운 아침마다 긍정적인 마음으로 하루를 시작하고, 작은 목표를 설정해 하나씩 이루어 나가며 삶의 주도권을 되찾아가는 것이 얼마나 중요한지 깨달았다.

버티는 삶의 과정에서 만나는 모든 경험이 스스로를 더욱 단단하게 만들 것이며, 그 길에서 발견한 작은 기적들이 여러분의 삶을 더욱 풍요롭게 만들어 줄 것이다. 결국, 아무것도 하지 않으면 아무것도 변하지 않는다는 것을 잊지 말아야 한다. 지금 이 순간에도 여러분이 버텨내고 있는 것은 결코 헛되지 않는다. 단언컨대 그 모든 과정이 자신만의 인생을 만들어 가는 과정이라고 확신한다.

삶은 매일매일 변화하고, 그 변화는 우리가 어떻게 생각하고 행동하느냐에 따라 달라질 수 있다. 그러므로 어려운 시기를 지나고 있는 모든 분들에게 작은 위로가 되고, 새로운 희망을 발견할 수 있는 길잡이가 되기를 간절히 바란다.

나는 앞으로도 버티며 나아갈 것이다. 임계점을 넘어서 또 다른 성장을 이루는 증명하는 삶을 살아갈 것이다. 말뿐이 아닌 실천하는 나의 성장 이야기는 SNS를 통해 지속적으로 기록하고 있으니, 언제든 함께 소통하며 한 발짝 더 나아가기를 바란다. 그리고 당신의 성장을 진심으로 응원한다. 하이파이브!

━━━━━━━━━━━━━ 박 병 학

차례

1부

그래도 포기하지 않는 이유

3부

감정의 주인이
되는 법

4부

버티는 사람에게
다가오는 기회들

우리는 종종 실패를 단순히 장애물로 여기지만,

사실 그 안에는 큰 교훈이 숨겨져 있다.

비록 나의 수험생활은 성공적이지 못했지만,

그 과정에서 얻은 지식과 인사이트는

인생의 소중한 자산이 되었다.

"지식은 힘이다"라는 프랜시스 베이컨의 말처럼,

수험생활에서 얻은 지식과 경험은

나를 더 강하게 만들었다.

내가 깨달은 것은 바로 메타인지다.

1부

그래도
포기하지 않는
이유

우리 모두가 느끼는
삶의 압박과 고민들

어느새 또 한 해가 밝았다. 여기저기서 들려오는 카톡 알람 소리 속, 유독 눈에 띄는 한 친구의 메시지를 열어본다. '택배 배송 알림'이라 적혀 있어, 혹시 새해 선물인가 싶어 설렘 가득히 확인했다. 메시지는 이렇게 쓰여 있었다.

"고객님, 반갑습니다. 행복을 전하는 ○○택배입니다. 고객님께서 기다리시던 소중한 상품을 가지고 배송 도착했습니다. 상품명은 '나이 한 살'. 흰머리, 눈주름, 뱃살은 사은품으로 보내드립니다. 단, 양도나 양수는 불가능합니다."

'나이 한 살'이라는 이 재치 있는 농담 섞인 메시지가, 이제 불혹

(不惑)을 맞이한 나에게는 왠지 모르게 웃프게 다가왔다. 누구나 한 번쯤 "어느새 이렇게 나이가 들었지?"라고 자문하지 않는가. 어릴 적 나는 스무 살이 되면 당연히 좋은 대학에 진학하고, 졸업 후 취직하고, 서른이 되면 안정적인 가정을 꾸리는 삶이 '평범하고도 당연한' 수순이라고 믿었다. 그러나 그 시기를 지나고 보니, 평범함이 결코, 당연하지는 않다는 사실을 깨닫게 된다.

우리가 살아가는 이 세상은 참으로 험난하다. 하루하루 무너질 듯 버티면서도, 누구나 '정말 이대로 괜찮을까?', '내가 잘하고 있는 걸까?'라는 고민을 품게 된다. 때로는 스스로를 원망하고, 모든 걸 포기하고 싶은 순간도 찾아온다. 나 역시 그 수많은 사람 중 하나였고, '혹시 나만 이렇게 힘든 건가?'라는 생각도 해봤다. 그런데 막상 주변을 둘러보면 같은 고민을 하는 사람들, 심지어 나보다 훨씬 더 큰 짐을 지고 있는 사람들도 많더라. 그럼에도 우리는 어떻게든 버티며 하루하루를 살아간다. 하지만 문득 궁금해진다.

'왜 이렇게 힘들까?'

내가 직접 겪어 보니, 10대 · 20대 · 30대의 고민은 제각각이지만 그 이면에는 공통적인 두 가지 키워드가 자리하고 있었다. 바로 '불확실성'과 '책임감'이다. 모든 사람이 그렇다고 단언할 수는 없지만, 대다수의 10대는 학업과 미래에 대한 불확실성 속에서, 20대는 취업과 자아 찾기의 혼란 속에서, 그리고 30대는 경제적 자립과 가정의 책임 속에서 고민하며 하루하루를 버틴다. 누구나 더 나아지지 못할 것 같은 막연한 두려움에 시달리는 것이다.

10대는 흔히 '청소년기'라는 이름으로 포장되지만, 사실 이 시기는 누구에게나 힘겨운 시련의 시간이다. 학업, 친구들과의 관계, 사회적 기대감 등 아이들의 어깨 위에는 너무나 많은 무게가 얹혀 있다. 특히 한국 사회에서는 대학입시가 인생의 중요한 관문으로 여겨지면서, 최근에는 유치원생 때부터 의대 진학을 목표로 치열한 경쟁이 벌어지고 있다고 한다. 어려서부터 끊임없는 경쟁 속에 놓이는 건 우리의 부정할 수 없는 현실이다.

나도 예외는 아니었다. 고향은 충남 태안의 아주 작은 마을이었고, 어릴 적부터 조부모님과 부모님과 함께 생활했다. 부모님의 가장 큰 고민은 나와 동생의 교육 문제였다. 너무 작은 시골 마을보다는 도시의 교육 혜택을 주고 싶었던 부모님 마음에, 우리 가족은 내가 초등학교에 입학할 무렵 인천으로 상경했다. 모든 삶의 터전을 정리하고 새로운 곳에서 개척해야 하는 희생적인 삶. 어린 나이였지만 부모님의 희생은 느낄 수 있었다. 나 또한 그 기대에 부응해 꼭 보란 듯이 성공하고 싶었다.

초등학교, 중학교 시절에는 그저 성실히 학교생활을 하면 성적이 제법 나왔다. 그러나 고등학교 진학 후부터 문제였다. 보통의 친구들처럼 학교와 학원을 병행하고, 집 근처 독서실에서 새벽까지 공부하는 일상이 이어졌다. 그저 열심히만 하면 좋은 대학에 갈 줄 알았지만, 현실은 지방 사립대학교도 감지덕지할 수준의 수능성적이었다. 고향을 떠날 땐 개천에서 난 용이 되고 싶었지만, 현실은 미꾸라지 그 이상도 이하도 아니었다.

최근 통계에 따르면 2024년에만 약 52만 명의 학생이 대학수학능력시험에 응시했다. 특히 의대처럼 전문직 계열로의 진학이 급증하면서 경쟁은 더욱 치열해졌다. 학업 스트레스가 커지며 자신감을 잃은 많은 학생들이 결국 우울감이라는 마음의 병을 얻기도 한다. 한 고등학생은 이렇게 털어놓았다.

"학교 끝나고 학원 두 곳을 더 다녀요. 집에 오면 자정이 넘고, 다시 새벽에 일어나 학교에 가야 해요. 그냥 하루하루가 반복이에요. 제가 왜 이렇게까지 공부를 해야 하는지 모르겠어요."

10대는 학업뿐 아니라, 미래의 불확실성에서 오는 불안도 함께 짊어지고 있다. "좋은 대학에 가면 모든 게 해결될까?"라는 물음에 명확한 답을 찾지 못하면서, 스스로를 점점 더 작게 느끼게 되는 것이다.

20대에 접어들면 또 다른 압박이 시작된다. 대학 졸업 후 본격적으로 맞닥뜨리는 '취업'이라는 현실적인 과제 때문이다. 한때 꿈꿨던 이상적인 직업과 현실에서 선택해야 할 직업 사이에서 갈등하는 경우도 많다. 게다가 학자금 대출을 갚아야 하고, 생계를 책임져야 한다는 부담감도 이들을 짓누른다.

건강보험심사평가원이 발표한 '최근 5년(2017~2021년)간 우울증과 불안장애 진료 통계 분석 결과'에 따르면, 우울증 환자 수는 2017년 69만1천164명에서 2021년 93만3천481명으로 35.1%(연평균 7.8%) 증가했다. 이 중 2021년 20대 우울증 환자 수는 17만7천166명으로 전체 환자의 19.0%를 차지해 가장 높은 비율을 보였으며, 2017년 대비 127.1% 증가(연평균 22.8% 증가)한 수치다. 이는 단순 수치를 넘어, 많은 청년들이 미래에 대한 확신을 가지지 못하고 주변의 성공 사례와 비교하며 스스로를 평가절하하고 있음을 보여준다. 한 취업 준비생은 이렇게 말했다.

"대학만 졸업하면 될 줄 알았는데, 취업 준비만 벌써 3년째입니다. 수십 번의 면접에서 떨어지고 나니, 이제는 제가 문제인 것 같아요. 그래도 계속 도전해야겠죠. 근데 정작 제가 무엇을 하고 싶은지는 아직도 잘 모르겠어요."

20대는 단순히 취업 문제만이 아니라, 청소년기에서 성인기로 이행하는 과도기적 시기를 겪는다. 사회 속에서 자신의 자리를 찾고, 동시에 스스로의 정체성을 확립해야 하는데, 점점 높아지는 사회의 요구와 개인의 목표가 부딪치며 더 큰 혼란에 빠지곤 한다.

나는 아직 미혼이지만, 내 주변 친구들이나 또래를 보면 30대는 인생의 중대한 책임들을 떠안는 시기다. 직장과 가정 두 영역에서 모두 최선을 다해야 하는 위치에 서게 된다. 직장에서는 승진과 경력을 쌓기 위해 끊임없이 성과를 내야 하고, 가정에서는 경제적 부담과 육아 문제를 책임져야 한다.

실제로 최근 30대의 평균 부채는 꾸준히 증가하는 추세다. 또한 OECD 주요 회원국 연령대별 자살률 현황에 따르면 대한민국 30대 자살률은 10만 명당 27.1명으로 1위다. 이는 단순한 경제적 부담뿐 아니라 심리적 압박이 심화되고 있음을 보여주는 단편적인 지표이기도 하다. 주변에 있는 한 30대 가장은 이렇게 말한다.

"직장에서는 매달 성과를 내야 하고, 집에서는 아이와 가족을 돌봐야 하죠. 하루하루가 버겁습니다. 이렇게 열심히 사는데도 끝이 보이지 않는 기분이에요."

워킹맘들도 비슷한 고민을 안고 있다. 직장과 가정을 동시에 돌보는 압박감 속에서, 정작 자신을 위한 시간은 점점 줄어든다. 한 워킹맘은 이렇게 말한다.

"하루 24시간이 모자라요. 회사에서도, 집에서도 쉴 새 없는 업무와 육아가 이어지는데, 스스로를 돌볼 시간은 전혀 없어요. 너무 힘들어요."

나는 바로 이 질문에 답을 찾고자 한다. "나는 왜 이렇게 힘들까?"라는 물음에 대한 답을 찾는 과정에서, 우리는 더 나은 내일을 향해 한 걸음 나아갈 수 있다. 힘든 시간은 누구에게나 찾아오지만, 그 시간을 어떻게 보내느냐에 따라 인생의 방향이 달라진다. 버틴다는 것은 단순히 참는 것이 아니라, 우리 자신을 믿고 조금씩 앞으로 나아가는 과정이다.

내가 느끼기에, 지금 우리가 짊어지고 있는 무게는 결코 가볍지 않다. 그러나 그것이 앞으로의 성장을 위한 과정임을 잊지 않았으면 한다. 이제 지극히 평범했던 내가 어떻게 세상을 받아들이고 지금까지 성장해왔는지, 그 이야기를 풀어보고자 한다.

실패와 좌절 속에서
나만 겪는 게 아니라는 위로

지난 과거를 돌이켜보면 뭐 하나 제대로 이룬 것이 없는 것처럼 느껴지지는 않는가. 과거의 내가 그랬다. 이것저것 한 것들은 참 많은 것 같은데 무언가 남은 것이 하나도 없는 것 같은 공허함. 그렇다고 농땡이를 부린 것도 아니고 정말 성실하게 열심히 살아온 것 같은데 말이다. 시간이 지날수록 성과는 없이 계속 실패라는 꼬리표만 붙는 것 같았다.

왜인지 모르겠으나 나는 '실패'라는 단어를 듣는 것조차 싫었다. '실수'도 마찬가지였다. 나의 부족함을 인정하고 싶지 않은 완벽주의자 성향이었다. 유독 나는 어릴 적부터 타인의 시선에 엄청 신경이 쓰였다.

"왜 나를 쳐다보지? 내 옷차림이 이상한가?"

"나를 이상한 사람이라고 생각하면 어떻게 하지?"

아무래도 존재감을 드러내고 싶지 않았던 것 같다. 의기소침 그 자체라서 사람들에게 나의 존재를 알리고 싶지는 않았지만 그렇다고 부정당하고 싶지도 않았다.

그렇다. 나는 다른 사람들에게 싫은 소리를 듣는 것보다 인정을 받고 싶었다. 그래서 학교든 학원이든 숙제도 잊지 않고 어떻게든 꼬박꼬박 해 가는 성실한 아이였다. 항상 무엇을 하던 완벽하려 애썼고, 성공하고 싶었다. 그러나 그런 마음이 강해질수록 내 삶은 온통 피로로 물들기 시작했다. 그렇게 애를 쓰는데도 실패는 나를 피해 가지 않았다. 실패와 좌절 속에서 허우적거리기만 하다가 그것이 결코 끝이 아니라 성장의 과정이라는 것을 깨닫기 전까지는 그저 괴롭기만 했다.

나는 어릴 적부터 정말 허약한 아이 그 자체였다. 외가댁에 갈 때마다 어른들은 늘 같은 말을 반복하셨다.

　　"병학아, 너는 정말 죽다가 살아났어! 네 엄마가 너 낳느라 얼마나 고생했는지 몰라."

처음에는 어떤 의미인지 어려서 잘 몰랐다. 점차 커 가면서야 알게 되었다. 어머니께서 생사의 갈림길 속에서도 나를 낳으려고 얼마나 애쓰셨는지. 친가, 외가 모든 가족들이 시골의 작은 산부인과를 점령이라도 한 것처럼 얼마나 간절했는지. 그래서 몸이 허약한 채로 태어났나 보다 싶었다. 그러다 내가 매일 고통스럽게 숨을 몰아쉬며 살아야 하는 이유가 바로 기관지 천식 때문이라는 것을 점점 알게 되었다. 환절기마다 찾아오는 감기는 보통 사람들에겐 사소했을지 몰라도, 나에게는 치명적이었다.

시골에서 지낼 때는 잘 몰랐으나 도시로 이사 오면서 환경이 바뀌다 보니 나의 천식 질환은 날이 갈수록 심해졌다. 걸핏하면 병원에 갔고 유명하다는 병원은 다 찾아다니고 한약에 백년초에 몸에 좋다는 민간요법까지 안 해본 것들이 없었다. 병원은 내게 두 번째 학교 같았다. 아니, 오히려 학교보다 더 오래 있었다. 링거와 주사, 약들로 하루하루를 버텨야 했던 어린 시절이었다. 그리고 내 손에는 온통 주삿바늘 자국이었다. 오죽하면 링거를 맞기 싫다고 병원에서 소리를 지르며 요동을 쳤겠는가. 또한, 조퇴나 결석 한번 없이 딱 1년 개근상이라고 타보는 것이 소원이었겠는가.

그리고 당시 10살이었던 초등학생의 가장 큰 걱정이자 고민은 수학여행이었다. 1년 뒤 4학년이 되면 단체로 수학여행을 가게 되는데 어느 날 부모님과 이야기하다가 나는 건강상 이유로 혹시 모를 위험에 갈 수가 없다는 것이다. 집 떠나서도 밥도 잘 먹고 잘 자고 할 수 있다며 아직도 부모님께 가고 싶다고 떼를 쓰던 어린 내가 눈에 선하다. 그리고 친구들과 함께 하는 여행을 혼자만 못 간다는 것. 나 혼자 그동안 그냥 학교를 다녀야 한다는 생각에 너무

나도 속상했었던 기억의 조각이다. 그때만큼은 건강하지 못한 나 자신이 너무도 싫었다.

나의 간절함이 하늘에 닿았을까? 그러고 나서 나는 약 2년을 꼬박 할머니 손을 붙잡고 다니던 병원이 아닌 다른 병원에 다니게 되었다. 부모님과 친척분들이 수소문 끝에 찾아낸, 어린 천식 환자가 나았다는 병원이었다. 나는 건강이 좋아지면 내년에 수학여행을 갈 수 있을지도 모른다는 희망에 부풀어 있었다.

그렇게 지금의 부평내과 원장님이신 한기돈 의사 선생님과의 인연이 시작되었다. 지금은 병원이 많이 확장되었지만, 당시에는 시장 골목의 작은 병원이었다. 지금도 기억에 남은 첫인상은 그 작은 병원이지만 환자들로 발 디딜 틈이 없었다는 것이다. 희망이 보였다. 이렇게 사람들이 많이 온다는 것은 그만큼 유명하고 유능하시다는 것을 반증하는 것이 아니겠는가. 그렇게 강렬한 첫인상과 함께 나는 정말 열심히 진료를 받았다. 거리도 집에서 버스를 타고 다녀야 했지만, 나는 학원을 빠지는 일은 있어도 병원 진료일은 절대 빼먹지 않았다. 그리고 처방해 주신 약 중에서도 매일 아침 기상과 함께 빈속에 먹어야 했던 흰 알약 1개. 아침에 일어나면 어머니께서 물과 약을 챙겨주시는 게 일상이었다. 그렇게 열과 성을 다했기 때문일까, 휴대용 호흡기를 사용하는 날도 줄어들면서 상태가 많이 호전되었다. 마침내 나는 부모님의 허락을 받아 4학년부터 초등학교를 졸업하던 때까지 다른 건 몰라도 수학여행은 모두 참석할 수 있었다. 그때의 기쁨은 정말 이루 말할 수가 없었다. 선생님께서는 그저 나에게 한 줄기 빛과도 같은 존재셨다.

시간이 지나고 성장할수록 건강 상태는 점점 좋아지기는 했지만, 아직도 마음껏 뛰어다닐 수 있는 평범한 정도는 아니었다. 중학교를 입학했을 때 거의 끝 반이라서 3층까지 올라가야 우리 반이 있었다. 문제는 초등학교와 달리 가지고 다녀야 할 책들도 많은데 그 가방의 무게조차 이기지 못한 채로 교실에 올라가면 나는 항상 숨이 차서 어쩔 줄을 몰랐다. 그런 나를 본 어른들은 항상 이렇게 말씀하셨다.

"병학아, 너는 몸은 약하지만 성실하잖니. 그러니까 나중에 공무원 해라. 평범한 게 최고야."

그 당시 나는 그 말이 참 편하게 들렸다. 그저 평범한 삶을 꿈꾸며 조용히 살아가는 것도 나쁘지 않다고 생각했다. 몸이 건강하지도 않고 그렇다고 원하는 것도, 이루고 싶은 것도 없던 내게 어른들의 조언은 마치 정답처럼 느껴졌다. 그래서 중학교 시절부터 장래희망을 조사할 때면 나는 한 치의 망설임 없이 공무원이라는 세 글자를 적어 냈다. 그렇게 고등학교를 거쳐 대학입시를 준비할 때조차도 고민 하나 없이 행정학과를 목표로 했다. 이유는 하나였다. 인서울 대학교의 행정학과에 진학해서 졸업하자마자 일반 공무원이 되는 것이 꿈이었기 때문이다. 하지만 현실적인 내 성적으론 인서울은커녕 행정학과조차도 너무나도 버거운 목표였다.

그러던 때, 우연히 사회복지학과가 미래 유망 직종이라는 이야기를 들었다. 특히 사회복지 공무원이 되는 것이 비교적 수월하다는 소문에 혹해 나는 사회복지학과에 진학했다. 평소 누군가를 돕거나 봉사활동을 하는 것을 너무나도 좋아했기에 관련 공무원이라면 더할 나위 없이 안정적이고 조용한 삶을 살 수 있을 거라 믿었기 때문이다.

대학을 졸업하던 해인 2014년부터 나는 공무원 시험 준비에 매진했다. 목표는 분명했다. 안정적인 직업, 평범하면서도 흔들리지 않는 삶. 가족과 주변 사람들의 응원 속에서 나는 성실하게 공부하면 반드시 합격할 수 있을 거라 믿었다.

하지만 현실은 기대와 너무나 달랐다. 첫 번째 시험에서 낙방했을 때, 나는 의연하려고 했다.

'첫술에 배부를 수 없지. 조금 더 노력하면 되겠지.'

그렇게 다시 계획을 세우고, 더 많은 시간을 투자해 공부에 몰두했다. 그러나 두 번째, 세 번째 시험에서도 결과는 같았다. '왜 안 되는 걸까?'라는 의문이 들면서 스스로에게 의심이 생기기 시작했다. '3번 도전을 했는데도 불합격이라면 이제는 그만두어야 하나'라는 불안한 내면의 소리가 들리기 시작했다. 그러는 와중에 당시에는 장기적인 경제 불황과 공무원 모집인원 증가로 공무원 준

비를 하는 수험생들이 해마다 늘고 있었다. 거기에다가 희소식이
들려왔다.

"현재 국민의 생활 안정, 의료, 교육, 보육, 복지 등을 책임지는
공공부문 일자리가 전체고용에서 차지하는 비율은 OECD 국가 평
균이 21.3%인데 비해 우리나라는 7.6%밖에 안 됩니다. OECD 국
가 평균의 3분의 1 수준입니다. 공공부문 일자리 비율을 3% 올려
OECD 평균의 반만 돼도 공공부문 일자리 81만 개를 만들어낼 수
있습니다. 소방관, 경찰, 교사, 복지공무원 등의 일자리를 늘리겠습
니다. 정부의 의지만 있으면 만들 수 있는 꼭 필요한 일자리, 당장
만들겠습니다. 사회복지 공무원 수가 크게 부족합니다. OECD 국가
들의 평균 복지공무원 수는 인구 1천 명당 12명인데, 한국은 0.4명
에 지나지 않습니다. OECD 평균의 절반 수준으로 늘리기만 해도,
사회복지공무원 25만 명을 늘릴 수 있습니다."

- 〈문재인 전 대통령의 후보 시절 기조연설〉

정권이 바뀌면서 이 기조연설대로 실제 정책으로 반영되었고
공무원 채용 증원은 급물살을 타기 시작했다. 실패의 좌절 속에서
허우적거리는 나를 구명정에 가까스로 올려주는 희소식이었다.

가치관과 인생의 방향성
연결하기

　　많은 공무원 수험생은 시험을 준비하는 이유로 "국가에서 정년까지 신분을 보장해 준다", "이직 걱정과 권고사직 등의 문제를 고려하지 않아도 되기 때문"이라고 말한다. 즉, '안정성'을 그 이유로 꼽는다. 나 또한 인생의 가치관 중에서도 중요시하는 것이 바로 안정주의였다. 어릴 때부터 허약한 체질로 인해서 주변의 걱정들을 한몸에 받고 자랐다. 할아버지, 할머니와 함께 생활하다 보니 내가 가장 많이 들은 말은 "차 조심해야 한다.", "낯선 사람 조심해야 한다.", "밤늦은 시간에는 위험하니 조심해야 한다." 같은 말들이다. 그렇게 귀에 못이 박힐 정도로 조심해야 한다는 말들을 듣고 자라서일까. 이러한 환경 속에서 조심하라는 말은 나의 무의식 깊숙이 자리 잡았다. 나는 새로운 것을 신비롭고 도전해보고 싶은 대상으로 받아들이기보다는, 그저 낯설고 두려워 선택하기를 망설이게 만드는 존재로 여겼다. 카페를 가도 항상 아이스 아메리카노, 식당을 가든 어떤 것을 선택할 때면 항상 내 취향이거나 무난하고 보통 사람들이 선호하는 것들만 선택하는 나다. 그렇게 나의 가치관과 정체성은 안정적인 평범한 삶을 꿈꿔왔다.

처음 수험을 시작할 때는 딱 3번만 도전해 보고 아니다 싶으면 다른 길을 가자는 각오였었다. 하지만 나에게 공무원이라는 직업은 인생의 동반자가 될 것 같이 정말 찰떡처럼 느껴졌기에 지난 3년 동안 3번의 시험에 떨어졌음에도 좀처럼 쉽게 놓을 수 없었다. 오히려 정부의 공무원 증원 정책이 나에게 '한 번 더'라는 희망과 용기를 주는 것 같았다. 그렇게 나는 다시 꿈과 희망을 간직한 채 장수생의 길을 이어가게 되었다.

몇 년간의 경험이 있다고 해서 수험생활이 녹록하지는 않았다. 학교에 다니듯 매일 아침이 되면 나만의 교복인 트레이닝복을 입고 어머니께서 싸주신 도시락을 가지고 지하철역으로 향한다. 출근 시간이라 만원의 지하철 속에서 조금이라도 자투리 시간을 활용하고자 영어 단어장을 꺼낸다. 사실 들고는 있지만 누적된 피로에 영어 단어인지 아지랑이인지 비몽사몽이었던 적도 참 많았다. 그렇게 학원에 도착하면 학교 수업을 듣듯이 하루 종일 정해진 커리큘럼대로 수업을 듣는다.

수업을 들었다고 내 지식이 되는 것은 아니지 않은가. 수업이 끝나면, 배운 내용이 조금이라도 잊힐까 봐 바로 자습을 시작한다. 그렇게 쳇바퀴 같은 일정들을 주중 주말 할 것 없이 지속하다 보면 '이번에는 몇 명이나 채용이 될까'라는 걱정 반 설렘 반으로 어느새 다음 시험 공고를 맞이한다.

원서 접수를 하고 나면 점점 시험일이 다가올수록 집중력은 떨어진다. 거의 다 왔다는 안도감이 드는 걸까, 아니면 너무 지쳤기에 빨리 끝났으면 하는 마음일까. 반드시 합격해야 한다는 굳센 의지로 불안감과 사투를 벌이며 막판 스퍼트를 올려본다.

아무리 몇 번의 시험을 봤다 하더라도 시험 당일에 긴장되는 것은 당연지사인가 보다. 나는 특히 긴장할수록 화장실을 자주 가는 경향이 있는데, 그렇게 몇 번의 화장실을 들락날락 하다 보면 시험이 시작된다. 100분이라는 시간이 어떻게 지나갔는지도 모를 정도로, 지난 1년간 나의 피땀 흘린 노력도 함께 지나간다. 그동안 흘린 피와 땀의 양이 부족해서였을까. 아니면 익숙해진 수험생활에 나도 모르게 나태해졌던 것일까. 야속하게도 시험은 매번 나를 비껴갔다. 필기시험에서 몇 점 차이로 떨어지는 일들이 반복되었다. 지나고 보니, 어느새 5년이라는 시간이 흘렀더라.

시험 준비 기간이 길어질수록 부담감은 커졌다. 부모님은 나를 믿고 응원한다고 말씀하셨지만, 매일 아침 식사를 하며 "잘 되어가니? 이번에 합격하면 된다."라는 그 기대와 관심이 오히려 부담감이라는 부메랑이 되어 나에게 돌아왔다. 그렇기에 부모님께 경제적인 지원을 받으면서도 나는 점점 '빚진 마음'이 들었다. 이번에 합격만 한다면 모든 것을 청산할 수 있다는 기대감이 들면서도 다시 시간이 지날수록 주변의 시선조차도 점점 무거워짐이 느껴졌다.

나이가 나이인지라 내 주변에서는 하나둘씩 점점 결혼 소식이 들려왔다. 모든 행사에 매번 참석은 할 수 없었지만, 한 번은 친한 친구 결혼식에 갔을 때였다.

"아직도 시험공부하고 있어?"

"요즘 시험은 많이 어려운가 보네? 그래도 너라면 잘할 거야."

"이번에는 꼭 붙을 거야. 열심히 했잖아."

그런 말들이 처음엔 위로가 되었지만, 점점 내게 부담으로 다가왔다. 오랜만에 만난 친구들은 대부분 취업해서 사회인이 되어 가는 반면, 나는 여전히 아무것도 이루지 못한 수험생이라는 현실을 마주할 수밖에 없었다. 집으로 돌아오는 지하철 안에서는 모두가 행복한 것 같으면서도 이 세상의 시간은 나만 멈춰 있는 듯했다. "나는 왜 이 모양일까?" 이런 생각이 머릿속을 떠나지 않았다.

특히 같은 시험을 준비했던 스터디원들이 합격 소식을 전해올 때마다, 진심으로 축하를 해줌과 동시에 나와 그들 사이에 넘을 수 없는 벽이 느껴졌다.

시험에 떨어진 횟수가 늘어날수록 나는 점점 스스로를 낙오자로 느꼈다. "내가 도대체 무엇을 잘못하고 있는 걸까?"라는 질문이

나를 괴롭혔다. 새벽부터 밤늦게까지 공부하고도 떨어지면, 그 모든 노력이 무의미하게 느껴졌다. 한 번은 필기시험에서 단 몇 점 차이로 불합격했을 때, 그 좌절감은 이루 말할 수 없었다. 눈앞에 있던 합격의 문이 순식간에 닫힌 것처럼 느껴졌기 때문이다.

수험생활은 시간이 지날수록 더 무겁게 다가왔다. 필기시험에서 몇 점 차이로 떨어지는 일이 반복될수록, 나는 점점 나 자신이 낙오자처럼 느껴졌다. 합격의 기회가 사라진 듯한 절망감은 이루 말할 수 없었다. "나는 왜 안 되는 걸까?"라는 자책은 하루에도 몇 번씩 나를 찾아왔다.

그러던 어느 날, 스스로에게 물어보았다.

"나는 정말로 안정성만을 위해 이 길을 가고 있는 걸까? 아니면 다른 무언가를 간절히 원하고 있는 걸까?"

그때 떠오른 것이 프랭크 허버트의 말이었다.

"안정은 성장의 적이다."

나는 안정적인 길을 선택하며 한 번도 내 한계를 넘어설 도전을 해본 적이 없었다. 그리고 그 결과, 나는 안정의 울타리 안에서 성장을 멈춘 채 스스로를 가두게 했다는 사실을 깨달았다.

그렇다고 안정이라는 가치관이 중요하지 않다는 것이 아니다. 그럼에도 J.K. 롤링의 사례처럼, 안정이 아닌 끊임없는 도전과 변화를 통해 진정한 성공을 이룰 수 있다는 것도 사실이다. 그녀는 모두가 알다시피 싱글맘으로 힘든 시간을 겪었다. 카페를 전전하며 한 장 한 장 글을 써 내려가던 그녀에게 현실은 끝없이 거절 편지를 보내며 좌절을 안겼다. 그러나 롤링은 수많은 실패에도 굴하지 않고 계속해서 도전했다.

결국, 작은 출판사와의 계약으로 세상에 나아간 해리 포터 시리즈는 전 세계적인 베스트셀러가 되었고, 롤링 역시 자신의 삶을 완전히 바꿀 수 있었다. 끊임없는 도전 정신은 그녀가 가진 재능과 결합해, 누구도 예상치 못했던 성공을 만들어냈다.

이제라도 나는 인생의 방향성을 다시 설정하려 했다. 안정만을 쫓는 대신, 나를 성장하게 할 수 있는 새로운 도전과 경험으로 눈을 돌려보기 시작했다. 평생을 이렇게 살아왔기에 분명 쉽지는 않았다. 그래서 처음에는 아주 사소한 변화에서 시작했다. 예를 들면 카페에 가면 항상 마시던 아메리카노가 아닌 새로운 음료를 주문해 본다거나, 매일 출근하는 길이 아닌, 조금 돌아가더라도 가보지 않았던 길을 걸어보는 작은 선택부터 말이다. 이런 작은 변화가 결국 나를 안전지대에서 벗어나 더 큰 도전으로 이끌어 줄 것이라고 믿는다.

영국의 총리였던 윈스턴 처칠은 이렇게 말했다.

"성공은 실패에서 실패로 나아가는 과정에서 열정을 잃지 않는 것이다."

안정적인 길만을 걸으려 했던 나의 과거를 뒤로하고, 실패를 두려워하지 않는 열정으로 새로운 길을 향해 나아가고자 발걸음을 내딛는 용기를 내었다.

당신은 어떤 가치관을 가지고 있는가? 그리고 그 가치관이 당신의 인생 방향성을 어디로 이끌고 있는가? 나와 같은 고민을 하고 있다면, 이제는 한 걸음 내디뎌 새로운 가능성을 향해 나아가 보길 바란다. 안정 속에서의 도전, 그것이 진정한 성장을 이끌 것이다.

의미가 있다면
다시 일어설 수 있다

우리는 종종 실패와 좌절을 인생의 결론처럼 여긴다. 특히 수험 생활처럼 목표가 뚜렷하고 그 과정이 길어질수록, 한 번의 실패가 더 크게 다가오기 마련이다. 주변의 기대와 시선은 날마다 무거워지고, 노력한 만큼 결실을 얻지 못하면 더는 갈 길이 없다고 느낄 수도 있다. 하지만 여기서 한 가지 분명히 짚어야 할 점은, 실패 자체가 우리의 가치를 떨어뜨리는 것은 아니라는 사실이다. 그 당시에는 나 또한 알아차리지 못했던 부분이다. 하지만 시간이 지나고 오히려 실패 안에서도 '의미'를 발견할 때, 우리는 다시 일어설 힘을 얻게 된다.

아직도 잊을 수가 없다. 마지막 시험을 보고 나서 성적 발표가 있던 날. 수험에 여러 차례 도전하고도 마지막까지 내 손에 남은 것은 핸드폰 화면에 보이는 '불합격' 통보. 그날따라 가족들은 모두 집에 없었다. 차마 가족들을 마주할 용기도 없었고 무슨 말을 어떻게 해야 할지도 몰랐기에 불행 중 다행이었다. 평소 소주를 즐기지는 않는 나지만 그날만큼은 도저히 안마실 수가 없었다. 식탁에 앉아 혼자서 소주를 한 잔 마시는데 나도 모르게 왈칵 눈물이 쏟아지더라. 지난 5년간의 세월이 스쳐 지나가면서 그 모든 노력과 시간을 송두리째 부정당하는 것처럼 느껴졌다. 반드시 합격이라는 앞만 보고 달려왔었기에 당장 앞으로 어떻게 살아가야 할지가 막막했다. 무엇보다 도대체 인생이 무엇인가. 왜 이렇게까지 살아가야 하는 것인가라는 회의감이 가장 많이 들더라. 그 부정감에서 벗어나는 데에는 생각보다 꽤 오랜 시간이 필요했다.

당시의 나는 이미 30대 중반을 지나고 있었다. 대학교 졸업 후 단 한 번도 취업 준비를 해보지도 않고 수험생활만 했었기에 그저 현실이 너무도 막막했다. 모든 슬픔과 아픔의 만병통치약은 시간이 약이라고 했던가. 그나마 어느 정도 시간이 흐르면서 조금씩 이성적인 판단을 하게 되었고, 어떻게든 새로운 시작을 위해 취업 준비를 시작했다. 이력서도 써보고 자기소개서도 써보고 여기저기 원서도 넣어보고 구직을 위해 여러 회사에 지원했지만, 오히려 현실의 벽은 내 예상보다도 높았고, 서류를 통과해도 면접에서 거듭 고배를 마셨다. 그럴수록 머릿속엔 '이 나이에 취업은 할 수 있을까?', '아무 경력도 없는 나이 많은 사회 초년생인데 누가 나를 뽑아

줄까?'처럼 온통 부정적인 생각만 가득했다.

아무도 나에게 뭐라고 하는 사람들은 없었다. 그저 집에만 있기엔 스스로가 초라하게 느껴졌고 크나큰 죄를 지은 것 같았다. 차라리 뭐라도 좀 하라며 잔소리라도 듣는 게 편했을까 싶다. 그래서 매일 도서관에 책이라도 읽으러 간다는 핑계로 근처 센트럴파크 대교 아래로 나가곤 했다. 그곳은 한여름에도 그늘과 바람이 좋아, 벤치에 앉아 책을 읽거나 생각에 잠기기 딱 좋았다.

그러던 어느 날, 마지막 수험생활을 하며 총무 아르바이트를 했던 독학관리학원의 원장님께 연락이 왔다. 학생들을 관리하던 담당 선생님께서 임신으로 육아 휴직을 들어가야 하는 상황이라 대체 직원을 채용 중이라고 하셨다. 그러면서 아르바이트생이 아닌 정식 직원으로서 학생들 관리 업무를 해볼 생각이 없느냐는 제안이었다. 순간 '하늘도 날 버리진 않았구나!'하는 생각에 감격했다. 내 상황을 잘 아시는 원장님이 내민 손길은 그야말로 한 줄기 빛이었다. 그렇게 나는 수험 실패자에서 독학관리 입시 학원의 '담임'으로 새로운 길을 걷게 되었다.

대형 학원 프랜차이즈가 아닌 동네의 조그만 입시 전문 학원이었다. 내가 마지막 수험생활을 한 곳이기도 하다. 집 근처이기도 하고 나와 몇 명의 성인 수험생들 말고는 대부분 대학입시를 준비하는 학생들이었다. 그래서 조용하기도 하고 분위기가 좋아서 다니게 되었다. 그러던 어느 날, 주말 아르바이트생 모집 공고를 보게 되었고, 예전에 독서실에서 총무를 해봤던 경험으로 지원을 했다. 그렇게 원장님들과는 고객의 입장에서 아르바이트생의 역할로 인연을 맺게 되었다. 진심으로 나의 수험생활을 응원해 주시고 때론 인생의 조언도 많이 해주셔서 나도 모르게 의지를 했던 곳이다.

이제는 고객도 아니고 아르바이트생도 아닌 실질적인 관리자라는 역할이 주어졌다. 그 사이 성인 수험생들이 아닌, 오롯이 대학입시를 준비하는 학생들 위주의 관리로 개편이 되었고, 나는 그 학생들의 담임 역할이었다. 고등학교를 졸업하거나 검정고시 이후에 다시 대학입시에 도전하는 학생들을 전문적으로 관리하는 곳이었다.

처음에는 소통부터 쉽지 않았다. 내가 입시를 치르던 때와 제도가 많이 달라, 초반에는 아이들이 하는 말을 이해하지 못하기도 했다. 예컨대, 나는 수능 1교시가 '언어 영역'이었지만, 지금은 '국어'가 되었고, 그 옛날 '언어 영역'에는 영어가 아님에도 듣기 평가 문제가 있었다는 말을 하면 아이들이 휘둥그레질 정도로 세대 차이를 느끼는 현실의 벽이 느껴졌다.

처음에는 나도 학생들도 어색해서 데면데면했다. 어색한 공기에 숨이 막힐 지경에 이르자 어떻게 하면 소통할 수 있을까를 고민 끝에 먼저 다가갔다. 그리고 나의 이야기를 조금씩 나누다 보니 점차 아이들과 말할 기회가 늘어났고, 자연스럽게 나의 5년간 수험 실패담도 서슴없이 전할 수 있었다. 덕분에 아이들의 입시 고민에도 진심으로 공감할 수 있었다. 아이들 역시 내 진심을 받아들여 줬고, 나는 '공무원 수험생' 아닌 '대학입시 관리자'라는 새로운 삶에 녹아들기 시작했다.

내 인생에서 선생님이라는 호칭으로 불리는 경우가 있을 줄은 상상도 못 했었다. 그저 공무원이 인생의 전부였던 내가 어느 순간 길을 조금 틀어, '독학관리학원'에서 담임 선생님으로 일하기 시작했다. 처음에는 내 실패 경험이 스스로 창피하기도 하고 누군가에게 도움이 될 거라는 확신도 없었다. 하지만 수험생들이 겪는 불안과 압박감, 조바심을 누구보다 잘 이해하고 있었기에 그들의 마음을 보듬어 줄 수 있었다. 내가 했던 실수를 반복하지 않도록 잘못된 학습 습관을 짚어 주고, 목표와 계획을 세우는 법을 함께 고민해 주었다. 이 과정에서 예전에는 보이지 않던 내가 살아가는 인생의 '의미'를 분명히 느낄 수 있었다.

실패한 수험생에서 담임 선생님으로의 변화는 나에게 새로운 시각을 열어주었다. 내가 수험생이었을 때는 눈앞의 시험을 통과하는 일에만 매달렸지만, 이제는 아이들의 미래를 함께 고민하며 그 과정에서 함께 성장한다는 사실에 보람을 느낀다. 한때 실패로 가득해 보였던 나의 경험도, 누군가에게는 시행착오를 줄여주고 자신만의 길을 찾게 하는 소중한 자산이 될 수 있었다.

많은 사람들이 '실패는 성공의 어머니'라는 말을 들어봤을 것이다. 하지만 실제로 실패를 겪는 당사자 입장에서는 그 말이 쉽게 와닿지 않는다. 오히려 좌절감과 자책감이 무겁게 짓누를 수밖에 없다. 그럼에도 불구하고 우리가 실패 앞에서 해야 할 일은, 그것이 남긴 메시지를 찾는 것이다. 그리고 그 실패라는 순간의 결과에서 "나는 무엇을 배웠는가?", "이 과정을 통해 새로 깨달은 점은 무엇인가?"라는 질문에 진지하게 답해보는 것이다.

실패는 결코 우리의 '끝'을 의미하지 않는다. 단지 기존에 걷던 길을 잠시 멈추고, 나 자신을 다시 한번 돌아볼 기회를 주는 것이다. 그 기회를 살려 의미를 재발견하면, 한 단계 더 성숙한 모습으로 다시 출발할 수 있다. 그 과정에서 때로는 완전히 새로운 길이 보이기도 하고, 어쩌면 이전에는 꿈조차 꾸지 않았던 일을 하면서 더 큰 만족감을 얻을 수도 있다.

나는 과거의 실패 경험 덕분에 지금 학생들과 함께 울고 웃으며 의미를 찾아가고 있다. 때론 나도 모르게 예전의 내 모습이 학생들에게 비치면서 잔소리를 하기도 했다. 그때마다 가슴이 짠해지지만 동시에 작은 용기가 생긴다. '그래, 나도 저랬었지. 그렇다면 더 잘 이해해 줄 수 있겠어.' 하는 마음으로 다시 힘을 낸다. 이런 과정을 통해 '실패'가 더 이상 부정적인 기억만은 아니라는 사실을 깨달았다.

혹시 지금 수험에서 힘겨운 시간을 보내고 있다면, 혹은 길고 긴 준비의 시간을 견디고 있다면, "내가 걷고 있는 이 길이 정말 나에게 의미가 있는가?"를 스스로에게 물어보길 바란다. 아직 답이 명확하지 않아도 괜찮다. 그 질문 자체가 이미 새로운 길로 가는 첫걸음이 될 수 있다. 가끔은 '내가 이러려고 시작한 게 아닌데'라는 생각에 사로잡히거나, '나는 왜 안 될까'라는 자책의 늪에 빠질 수도 있다. 그래도 괜찮다. 그 순간을 털고 일어설 수 있는 가장 확실한 발판은 '이 경험이 다른 사람에게도, 그리고 나에게도 의미 있는 일을 만들 수 있다'라는 깨달음이다.

내가 수험에서 쌓았던 시간과 실패가 지금은 대학입시를 준비하는 아이들에게 도움이 되듯, 누군가에게도 당신의 이야기가 희망이 될 수 있다. 인생에서 중요한 것은 '다시 일어설 이유', 다시 말해 '의미'를 발견하는 일이다. 때론 그 의미가 아주 작은 깨달음일지라도, 그 불씨가 훗날 당신의 삶, 나아가 다른 사람의 삶까지 환하게 밝힐 수 있다. 결국, 의미가 있다면, 우리는 언제든 다시 일어설 수 있다. 그 길이 멀고 험해 보일지라도, 지금 이 순간 한 발짝 내디딜 용기가 있다면, 그것으로 충분하다.

실패 속에서 발견한 배움

우리는 종종 실패를 단순히 장애물로 여기지만, 사실 그 안에는 큰 교훈이 숨겨져 있다. 비록 나의 수험생활은 성공적이지 못했지만, 그 과정에서 얻은 지식과 인사이트는 인생의 소중한 자산이 되었다. "지식은 힘이다"라는 프랜시스 베이컨의 말처럼, 수험생활에서 얻은 지식과 경험은 나를 더 강하게 만들었다.

내가 깨달은 것은 바로 메타인지다. 요즘 광고나 책들의 제목을 보면 쉽게 볼 수 있는 단어가 바로 메타인지다. '인지'라는 것은 알겠는데, 그렇다면 도대체 '메타(meta)'는 무엇이고 메타인지란 무엇일까? 'meta'란 위치와 상태의 변화 혹은 '더 높은', '초월한'을 뜻하는 영어 단어다. 그러므로 '메타인지'는 '인지에 관한 인지'로 생각할 수 있는데, 우리 자신의 인지능력, 혹은 사고능력을 바라보는 또 하나의 눈이 바로 메타인지다. 쉽게 말해서 '나는 얼마만큼 할 수 있는가?'에 대한 객관적인 판단을 도와주는 게 메타인지라고 할 수 있다.

최근 메타인지가 업무적 능력을 기르는 데 적극적으로 활용되고 있다. 메타인지가 높은 사람은 문제를 해결하는 능력이 탁월한데, 문제해결력은 통상적인 업무를 수행할 때 가장 필요한 역량 중 하나이다. 결국, 메타인지는 자기 스스로를 객관화하여 업무 능력뿐만 아니라 학습 능력을 결정짓는 중요한 요소라고 할 수 있다. 즉, 나는 자신의 학습 방식과 생각 과정을 이해하는 것이 얼마나 중요한지를 수험생활을 하면서 배웠다. 과거의 나는 메타인지적 사고를 하며 공부를 하지 않았다. 무작정 공부만 하면 되는 줄 알았으니 스스로를 객관화할 수 없었다. 내가 어떤 부분에서 이해를 잘하는지 못하는지, 나에게 부족한 부분은 어떤 것인지 생각은 했지만, 그때뿐이고 그냥 흘려보냈다. 어찌 보면 수험 실패는 당연한 것이었다.

나의 뼈저린 실패 속의 깨달음을 통해 아이들에게는 올바른 지도를 하고 싶었다. 학생들이 학원에 등록하고 학습을 시작하기 전에 담임으로서 앞으로 학습 지도 방향과 생활 관리 방향에 대해서 자세하게 설명하는 오리엔테이션 시간이 있다. 나는 이 오리엔테이션 시간을 적극적으로 활용했다. 먼저 간단하게 메타인지 테스트를 하는 것이다. 테스트라고 해서 어려운 것은 아니다. 화면으로 20개의 단어를 순차적으로 보여준다. 다 보여준 후에는 그 20개의 단어를 머릿속으로 떠올려보라고 한다. 보통 여기에서 테스트라고 하면 바로 기억나는 것들을 적으려고 한다. 그러나 메타인지 테스트는 20개의 단어들 중에서 지금 내가 몇 개 정도의 단어를 기억할 수 있는지 숫자를 적는 것이 핵심이다. 바로 예상값을 스스로 정해보는 것이다. 그다음에 실제로 기억하는 모든 단어들을 적게 한다. 마지막으로 채점을 한 후에는 결괏값이 몇 개인지 적게 하고 처음 예상했던 것과 비교를 하는 테스트다.

물론 이 테스트를 한 번 했다고 해서 학생들의 메타인지를 정확하게 판단할 수는 없으나, 요지는 메타인지가 무엇인지 직접 실행해 봄으로써 스스로 중요성을 알아가는 과정이다.

생각보다 많은 학생들이 테스트 결과에 놀라곤 한다. '내가 이것밖에 기억하지 못하는가?'라며 실망하기도 한다. 그러나 여기서 중요한 점은, 대부분 이런 상황을 중요한 시험을 치른 후에야 인지한다는 것이다. 더 심각한 문제는 무엇이 잘못되었는지 알면서도 이를 인정하지 않는 태도다. 많은 경우, 이를 단순한 '실수'로 포장하며 '다음엔 실수하지 않으면 된다'고 넘어가지만, 이는 큰 착각이다. 그것은 실수가 아니라 자신의 실력이다. 그렇기 때문에 메타인지가 매우 중요하다.

특히나 수험생들은 일일, 주간, 월간 계획을 세울 때 본인을 객관화하지 못한 상태에서 이상적인 계획만 세우다 보니 당연히 결과적으로 계획대로 성취할 수가 없다. 처음에는 열정이 넘칠지 모르지만, 객관화가 안 되어 있다 보니 점점 계획대로 이루어지는 것은 없고, 그렇게 작심삼일이 되어가는 것이다. 그러면 또 계획만 수정하는 악순환을 거치면서 작은 성공조차 이루지 못한다. 심지어 '나는 안되는 사람인가 보다'라는 셀프 낙인을 찍는다.

비단 학생들만 그럴까? 주변을 둘러보자. 연말 연초만 되면 새해 플래너나 다이어리부터 구입하는 사람들. 처음에는 열정에 불타오르며 이것저것 계획들을 세우기 바쁘다. 그러나 과연 몇 명이나 플래너를 지속하며 사용하는가. 메타인지는 단순히 객관적인 계획을 세우는 것이 아니다. 본인이 직접 생각하고 사고를 하는 것이다. 그 과정을 통해서 현재의 자신을 이해하고 받아들이면서 아주 조금씩 앞으로 나아가는 것이다.

두 번째로 깨달은 것은 바로 휴식이다. 생각지 못한 단어가 나와서 놀랐는가. 그럴 수도 있다. 왜냐면 나는 수험생 때 휴식과는 정말 거리가 멀었던 사람이었다. 무의식적으로 '어떻게 수험생이 쉴 수가 있어'라는 속삭임이 항상 내 주변에 있었다. 생각해 보면 정말 무식도 그런 무식이 없다. 하다못해 컴퓨터나 기계조차도 과부하가 걸리면 오류가 나거나 고장이 나기 마련이다. 그런데 인간이라 한들 다를 것이 있겠는가. 돌이켜 보면 휴식을 싫어했던 것이 아니다. 그 누가 쉬는 것을 싫어하겠는가. 그저 조급함에 쉬면 쉴수록 도태되고 뒤처질 것 같은 불안감을 떨치고 싶었던 것뿐이다.

그것이 나의 영혼을 점점 갉아먹고 있는 줄도 모르고 말이다.

그래서 내가 학생들에게 메타인지와 더불어 강력하게 강조하는 것이 휴식이다. 당신은 어떻게 휴식하는가? 보통은 핸드폰을 쥐고 있는 시간이 많지 않은가. 유튜브를 보든가 인스타그램 같은 SNS로 팔로우들의 근황을 하나하나 살펴보며 소중한 휴식 시간을 흘려보내지는 않는가. 혹은 음악을 듣거나 영화 같은 매체를 보는 사람들이 많을 것 같다. 물론 나 또한 온전한 휴식을 하지 못했었기에 실패 속에서 깨달은 것이다.

그러나 내가 말하는 온전한 휴식은 이것이 아니다. 온전한 휴식은 신체적, 정신적, 감정적으로 완벽하게 회복되는 상태를 말한다. 이는 단순히 수면을 취하는 것 이상의 의미를 포함하며, 스트레스나 활동으로 지친 몸과 마음이 완전히 재충전되는 것을 의미한다. 온전한 휴식은 여러 형태로 나타날 수 있으나 여기에서 추천하고 싶은 것은 신체적 휴식과 디지털 휴식이다. 앞서 말했듯이 많은 사람들이 스마트폰, 컴퓨터, TV 등 디지털 기기 사용을 하는 것이 휴식이라고 착각하는 경우가 많다. 이것은 휴식이 아니라 오히려 뇌를 더 혹사시키는 것이기에 사용을 줄이고 디지털 세계로부터 잠시 벗어나는 것이 필요하다. 그러기 위한 신체적 휴식으로 나는 편안한 산책을 선호한다.

수험생 시절부터 공부가 잘 안되거나 답답하면 그냥 걸었다. 주변에 공원이 있으면 공원을 걷고, 그렇지 않으면 그냥 길 따라 걸었다. 산책하며 그냥 걷는다고 갑자기 모든 문제들이 해결되지는 않는다. 그러나 장기적으로 본다면 번뜩이는 아이디어들이 찾아오기도 한다.

우리가 잘 알고 있는 유명한 철학자들 또한 산책을 일상적인 사색의 시간으로 활용했다. 예를 들어, 프리드리히 니체는 "모든 진정으로 위대한 생각들은 걷는 중에 생깁니다."라고 할 정도로 그의 저작 활동 중 많은 아이디어를 산책 중에 얻었다고 알려져 있다. 그는 산책을 통해 자신의 생각을 정리하고 창의적인 영감을 얻었으며, 이는 그의 철학적 작업에 깊은 영향을 미쳤다.

연구결과 산책은 스트레스 호르몬인 코르티솔 수치를 감소시키는 데 도움을 주어, 학생들이 스트레스를 더 잘 관리할 수 있게 한다. 스트레스가 줄어들면 뇌의 전두엽 기능이 향상되어 집중력과 학습 능력을 증진시키는 효과가 있다. 또한, 자연 속에서의 산책은 창의적 사고를 촉진하고, 문제 해결 능력을 향상시킬 수 있다. 이는 멘탈 건강을 유지하고, 공부에 대한 동기를 부여하는 데 매우 중요한 역할을 한다.

하루 종일 앉아서 책만 보고 인강을 듣는다고 공부가 되는 것은 아니다. 오히려 움직이지 않고 내가 생각하지 않으면 사고가 잘 되지 않고 답답하기만 할 뿐이다. 그래서 나는 주기적으로 아이들과 산책 상담을 다녀왔다. 감사하게도 근처에 걷기 너무 좋은 공원이 있어서 날이 좋으면 커피 한 잔을 테이크아웃 하여 걷는다. 학습에 관한 상담을 하기도 하지만 주로 일상적인 대화와 소통을 한다. 대부분의 사람들이 그렇듯, 아이들도 본인이 무엇을 해야 하는지는 잘 알고 있다고 생각한다. 단지 그 행동들의 결괏값이 아무도 모르는 미지의 색이기에 좀처럼 움직이지 못하고 계속 고민만 하는 것이다. 고민이 될 때는 "고!", 산책을 나가자. 온전한 휴식을 취하는 것은 일상생활의 활력을 회복하고, 생산성을 높이며, 전반적인 건강을 개선하는 데 중요하다.

한 걸음씩 내딛는
위기 속 성장

나는 어릴 적부터 천식과 허약한 몸으로 인해 잔병치레를 자주 겪었고, 가끔은 생사의 고비도 있었다. 이러한 건강상의 어려움은 나에게 끊임없는 도전과 회복의 과정을 요구했다. 그러나 이는 나만의 개인적인 고비였을 뿐, 사회와 국가를 넘어 전 세계적인 위기를 겪어본 세대는 아니었다. 그래서일까, 코로나 사태는 나에게 그야말로 공포 그 자체였다.

코로나19가 전 세계를 강타했을 때, 나는 더욱 심각한 불안감에 휩싸였다. 면역력이 약한 기관지를 가지고 있었기에 바이러스에 감염될까 두려워 매일같이 건강을 체크하고 있었다. 또한, 학생들을 지도하는 일이었기에 혹시나 내가 감염되면 학생들에게도 피해가 갈까 봐 매일 마스크를 착용하고 손 소독을 철저히 했다. 그 결과, 어디를 가더라도 쉽게 마스크를 벗지 못했고, 항상 긴장한 상태로 지낼 수밖에 없었다. 외부 활동을 최대한 자제하며 집 안에서 시간을 보내야 했기에, 사회적 거리두기는 내게 생존을 위한 필수 조건이자 한편으로는 너무 답답한 족쇄가 되었다.

문제는 이뿐만이 아니었다. 정부 차원에서 사회적 거리두기와 마스크 필수 착용 등의 정책이 시행되면서 평소에 없던 업무가 배이상으로 늘어났다. 아침에 학생들이 등원하면 무조건 체온을 체크하고 기록해야 했으며, 조금이라도 이상이 있으면 돌려보내고 그 학생의 행동반경을 모두 소독하고 정리해야 했다. 이는 실무자인 나에게 그저 비상사태와도 같은 상황이었다. 또한, 학생들이 마스크를 착용하고 공부를 해야 하니 얼마나 답답하겠는가. 그럼에도 불구하고 국가적 차원의 정책과 모두의 안전을 위한 규정이기에 나는 매번 마스크를 착용하라는 잔소리를 할 수밖에 없었다. 학생들은 학원의 관리망을 피해 어떻게든 마스크를 벗으려 했고, 이러한 모든 상황이 자연스럽게 업무 과중과 정신적 스트레스로 이어졌다.

드디어 올 것이 오고 말았다. 감염 전파 속도가 너무나도 빨리 진행되다 보니 부모님께서 밀접 접촉자가 되어 격리를 하게 되기도 하고 코로나에 감염되시기도 했다. 또한, 국가적 차원에서 학원 봉쇄령이 내려져 한동안 운영을 아예 못하게 되면서, 학원과 학생 우리 모두에게 큰 혼란과 불안감을 안겨주었다. 학원이 문을 닫게 되었을 때, 일부 학생들은 "선생님, 저희 진짜 조용하게 말 잘 들으면서 있을 테니까 학원 운영해 주시면 안 돼요?"라는 말까지 들으니 너무 안타까웠다. 갑자기 모든 활동을 중단해야 한다는 사실은 학원과 학생들에게 큰 혼란과 불안감을 안겨주었다.

모든 게 멈춘 것처럼 보여도 시간은 계속 흐르고 있었다. 집콕 생활이 길어지자 TV도, 유튜브도 모두 지겨워졌다. 평소에는 업무에 치여 지내다 보니 나 자신을 돌볼 시간이 부족했기에 아무것도 하지 못하는 시간이 참 좋았다. 그러나 외부 활동을 하지 못하다 보니 조금씩 답답하게 느껴졌다. 어느 날, 멍하니 앉아 있던 내 방 책꽂이에 있는 《미라클 모닝》이라는 책이 문득 눈에 들어왔다. 아침형 인간이 되라는 내용에 예전엔 중도 포기했던 기억이 떠올랐으나 이번에는 달랐다. 할 일이 없으니 더 이상 핑계를 댈 것도 없고 뭐라도 하고 싶었다.

문득 "성공한 사람들은 위기를 기회로 삼는다."라는 말이 내 마음에 번쩍 와닿았다. 마스크 생산업체나 온라인 교육 플랫폼처럼, 누군가는 변화에 발맞춰 성장하고 있었다. 이왕 이렇게 된 거, 나도 이번 기회에 나에게 투자해 보자! 그렇게 시작한 독서는 단순한 무료함의 탈출구가 아니라, 오롯이 나 자신을 마주하는 새로운 기회가 되었다.

처음에는 낯설고 어렵게 느껴졌지만, 책을 읽으며 나는 내 안의 잠재력을 깨닫기 시작했다. 퇴근 후에는 에너지가 바닥이라 책도 운동도 하기 어려웠다. 하루 종일 학생들을 돌보느라 나 자신에게 투자할 시간이 부족했기 때문이다. 그래서 나는 아침 시간을 바꿔보기로 결심했다. 하지만 혼자서는 작심삼일. 실패할 때마다 '역시 안 되나 봐'라는 생각이 밀려왔다. 매일 아침 일어나기가 점점 더 어려워졌고, 그럴 때마다 스스로에게 실망감을 느꼈다.

그러던 중, 온라인에서 '미라클 모닝 챌린지'를 발견하게 되었다. 이 프로그램은 새벽에 일어나 플래너를 작성하고 감사 일기를 쓰며 하루를 시작하는 것을 목표로 하는 자기계발 프로그램이었다. 처음에는 유료 서비스라 이렇게까지 해야 하나라는 생각에 회의적이었지만, 더 이상 혼자서는 아무것도 하지 못하는 상황에서 새로운 환경 설정을 시도해 보자는 마음으로 시작하게 되었다.

챌린지에 참여하면서 나는 같은 목표를 가진 사람들과 함께하게 되었다. 온라인 커뮤니티에서 만난 사람들과의 소통은 큰 힘이 되었다. 우리는 서로의 목표를 공유하고, 격려하며 함께 성장해 나갔다. 매일 아침 정해진 시간에 일어나 플래너를 작성하고, 그날의 감사한 일들을 일기에 적는 과정은 나에게 큰 변화를 가져다주었다.

처음 몇 주는 정말 힘들었다. 새벽에 눈을 뜨고 일어나는 것이 쉽지 않았지만 피곤함 속에서도 꾸준히 실천하려 애썼다. 그 덕분에 시간이 지날수록 작은 성취감들이 쌓이기 시작했다. 그날의 플래너를 작성하면서 하루의 목표를 명확히 하고, 감사 일기를 통해 긍정적인 마인드를 유지할 수 있었다. 이러한 작은 습관들이 쌓이면서 나의 하루는 점점 활기차고 의미 있게 변해갔다.

특히, 6개월 동안 단 한 번도 챌린지를 빠지지 않고 지속할 수 있었던 것은 나에게 큰 자신감을 심어주었다. 매일 아침 나 자신과 마주하며 하루를 계획하고, 감사하는 마음을 가지는 것은 단순한 루틴을 넘어 나의 삶에 깊은 영향을 미쳤다. 예를 들어, 학원 업무에서의 스트레스 관리가 훨씬 수월해졌고, 학생들과의 소통도 원활해졌다. 이러한 꾸준함은 나에게 자기 통제력과 책임감을 길러주었고, 이는 학원 업무에서도 긍정적인 변화를 가져왔다.

또한, 이 과정을 통해 나는 자기 자신을 더 깊이 이해하게 되었다. 하루를 시작하며 나의 생각과 감정을 정리하는 시간은 나에게 내면의 목소리를 듣는 소중한 시간이 되었다. 스트레스가 많은 상황에서도 나를 돌보고, 내 감정을 관리하는 법을 배우게 되었다. 이는 학생들을 돌보는 데에도 더욱 효과적으로 소통하고, 그들의 어려움을 이해하는 데 큰 도움이 되었다.

결국, '미라클 모닝 챌린지'를 통해 나는 오롯이 나 자신을 마주하는 시간을 가질 수 있었고, 이는 나에게 큰 성장을 가져다주었다. 힘들고 지친 순간에도 포기하지 않고 꾸준히 실천한 결과다. 나는 더 단단해졌고, 변화에 유연하게 대응하는 능력을 키울 수 있었다. 이 경험은 단순히 일상의 루틴을 바꾸는 것을 넘어, 나 자신을 돌보고 성장시키는 중요한 계기가 되었다. 앞으로도 이러한 작은 실천들이 나를 더 큰 가능성으로 이끌어줄 것이라 확신한다.

코로나19는 세상을 바꿨지만, 나에게도 새로운 가능성을 열어주었다. 전공이 사회복지학이었기에 자연스럽게 심리학에 대해 관심은 가지고 있었으나 체계적인 교육을 받지는 못한 터였다. 학생들을 지속적으로 상담하다 보니 심리적으로 많이 불안하고 힘들어하는 점을 느껴 도움을 주고 싶다는 생각에 심리대학원 진학을 고려하기도 하고 다양한 루트를 찾아보았다. 그러다 지금 당장 실무에 활용할 수 있는 교육을 알게 되었는데, 바로 최성애 박사님과 조벽 교수님이 운영하시는 HD행복연구소에서 진행하는 '감정 코칭'과 '회복탄력성'이라는 프로그램이었다.

주말마다 종로까지 이동하여 하루 종일 새로운 학문을 공부하는 것은 정신적, 체력적으로 쉬운 일은 아니었다. 하지만 시간이 지날수록 그동안 몰랐던 감정에 대해 알아가는 재미를 느끼며 아이들을 위해 공부를 시작했지만, 오히려 내가 가장 큰 수혜자가 된 것 같았다. 부정성이 참 많다고 생각했던 나였는데, 그동안 억누르기만 했던 내 감정을 살펴보고 다독여주게 되었다. 그러면서 점점 긍정심이 자연스럽게 내면에 스며들기 시작했다. 더 나아가 많은 학생들의 감정을 수용해 주고 지도를 하며 더욱 깊이 소통을 할 수 있게 되었다.

회복탄력성에 대해서는 관련 독서는 했지만, 수업을 통해 과학적 기반에 대한 이론과 기술을 접하면서 나의 내면도 근력이 생기고 점점 역경을 이겨내는 회복탄력성이 향상되었다. '감정 코칭'과 '회복탄력성'이라는 새로운 영역에도 도전하며 나의 역량을 키웠다. 어떤 상황에서도 '나는 할 수 있다'라는 마음가짐과 작은 성취들이 쌓이며 자신감이 생겼다. 예를 들어, 학원에서의 갈등 상황에서도 차분하게 대처할 수 있었고, 학생들의 문제를 보다 효과적으로 해결할 수 있었다. 위기가 꼭 나쁜 것만은 아니었다. 오히려 내 안에 숨어 있던 새로운 가능성들을 깨우는 시간이었다.

모든 게 멈췄던 그 시기, 나의 시간은 멈추지 않았다. 무기력 속에서 책을 만났고, 꾸준함 속에서 새로운 나를 만들었다. 코로나라는 거대한 도전 앞에서 나는 더 단단해졌고, 변화에 유연하게 대응하는 법을 배웠다. 앞으로 어떤 어려움이 찾아와도 나는 다시 생각할 것이다. '이 상황에서 내가 용기 낼 수 있는 작은 일은 무엇일까?' 결국, 그 작은 용기로 시작된 한 걸음이 나를 더 성장하게 할 테니까.

포기하고 싶은 순간, 한 발 더 내딛기

나에게는 깊고 강력한 트라우마가 있다. 바로 운전이다. 처음 운전을 배우는 많은 사람이 두려움을 느끼지만, 시간이 지나면 익숙해지고 자연스러워진다는 말을 자주 듣곤 한다. 나 역시 그런 기대를 품고 운전을 배웠다. 처음에는 긴장했지만, 시간이 지나면 자신감 넘치는 베스트 드라이버가 될 것이라고 굳게 믿었다. 그러나 얼마 지나지 않아, 나는 그 기대와는 전혀 다른 냉혹한 현실을 마주하게 되었다.

나는 주변 친구들처럼 고등학교 졸업 후 바로 운전면허를 따지는 않았다. 집안 사정상 내가 당장 사용할 수 있는 여분의 차량이 없기도 했으며, 부모님은 나중에 시간이 더 여유로울 때 배워도 늦지 않는다고 권유하셨다. 그래서 나는 군 복무를 마친 후에야 복학

후 주말마다 틈틈이 운전면허 학원에 다니며 면허를 따기로 했다.

다행히 집 근처에 운전면허 학원이 있어 학습 환경은 편리했다. 필기시험과 기능시험은 큰 어려움 없이 합격했지만, 도로주행 연습은 달랐다. 긴장한 나머지 중간에 시동을 꺼트리기도 했고, 운전 연수 선생님의 호된 교육에 주행이 끝나면 그제야 긴장이 풀려 손발에 힘이 빠지곤 했다. 그럼에도 불구하고 도로주행 시험은 익숙한 도로에서 보게 되어 한 번에 통과할 수 있었다.

사실상 면허를 따긴 했지만 그러고 나서 운전할 기회는 전혀 없었다. 그러던 어느 날, 군대 친구들과 강릉으로 여행을 가기로 했다. 운전병 출신인 친구가 차량과 운전을 전부 맡아 주기로 해서, 나는 운전에 대한 걱정 없이 여행을 준비하고 있었다. 그때 부모님께서 물어보셨다. 강릉까지는 어떻게 가는지, 혹시나 운전면허 취득했다고 섣불리 운전해서는 안 된다고 "절대 운전대를 잡지 말라"라고 신신당부하셨다. 당시에는 그 말이 그저 지나가는 조언으로 들렸고 나 역시도 내가 운전을 하게 될 줄은, 그리고 부모님의 말씀이 선견지명이 될 줄은 꿈에도 몰랐었다.

우리는 휴가철이라 나름 교통체증을 염두에 두고 밤에 출발했다. 한창 군 생활 이야기꽃을 피우며 고속도로를 타고 가다가 잠시 쉬러 휴게소에 들렀다. 거기에서 운전하던 친구가 너무 졸리고 피곤하다며 남은 거리는 교대로 운전을 하자고 먼저 제안했다. 혼자서 운전을 하는 친구에게 미안한 나머지 운전 가능한 친구들이 나

섰고, 나도 마음에 내키지는 않았지만, 그 제안을 마지못해 받아들였다. 그렇게 우리는 돌아가면서 운전을 했다.

내 차례가 되어 운전대를 잡았을 때, 나는 생전 처음으로 고속도로에서 실전 운전을 하게 되었다. 초반에는 조수석에 앉은 친구의 도움으로 비교적 안정적으로 운전했지만, 갑작스럽게 옆 차선의 차량이 내 앞으로 끼어들었다. 순간 친구가 "브레이크를 밟아!"라고 외쳤지만, 이미 늦은 상황이었다. 하필이면 이슬비가 내려 노면이 젖어 있어 차량이 미끄러져 바로 멈추지 못했고, 결국 순식간에 앞차와 충돌하는 사고가 발생했다.

그 사고로 다행히 다친 사람은 아무도 없었지만, 내 멘탈만큼은 그대로 바사삭 무너져내렸다. 사고의 충격은 내게 강력한 트라우마로 남았고, 그 이후로 자동차를 타는 것조차 힘들어졌다. 심지어 아버지의 차량 조수석에 앉아 있다가 급정거라도 하면 나도 모르게 온몸이 경직되고 공포감에 휩싸이는 경우가 자주 일어났다.

몇 년 후, 나는 워킹홀리데이를 위해 호주로 떠났다. 호주는 광활한 땅을 자랑하는 나라로, 대중교통이 활발한 도심 지역을 제외한 특히 교외 지역에서는 차량 없이는 이동이 힘든 곳이었다. 다행히도 차량을 소유한 지인들과 함께 다녔기에 운전을 못 하는 큰 불편함 없이 지낼 수 있었다. 하지만 지인들과 로드트립을 할 때, 장시간 운전을 해야 하는 상황이 생기면 직진 도로에서 잠깐만 운전대를 잡아달라는 부탁조차 들어줄 수 없었다. 당시에는 운전대를 잡는 것조차 트라우마로 인하여 거절할 수밖에 없었던 것이 아직까지도 큰 마음의 짐으로 남아있다.

워킹홀리데이의 모든 일정을 마무리하고 귀국하기 전에 케언즈라는 휴양지로 여행을 가게 되었다. 케언즈에서 마지막 여행을 하던 중 4륜 구동 바이크를 타고 자연을 투어하는 액티비티를 참가하게 되었다. 물론 나는 운전을 해야 한다는 부담감에 사로잡혀 한사코 거절했지만, 자동차도 아니고 4륜 바이크이기 때문에 위험하지 않고 충분히 배우면 할 수 있다고 격려해 주어 용기를 내었다. 그렇게 일행들과 함께 4륜 바이크 작동법을 배우고 실전 연습을 몇 번 거친 후에 우리는 본격적으로 호주의 자연 속으로 들어갔다.

바이크를 타고서 얕은 강가를 건너가고 산 둘레를 누비며 달리는 그 짜릿함, 그리고 생각보다 4륜 바이크는 탈만 하다는 생각을 하면서 투어를 즐길 무렵, 시련은 다시 나에게로 곧장 달려왔다. 아무래도 나는 운전 트라우마로 인하여 속도를 내는 것이 너무 두려웠으나 속도를 내는 일행들은 내 뒤에 바짝 붙어와서 더욱 부담감이 심해질 때였다. 내심 빨리 나를 추월해갔으면 하는 마음이 들어 속도를 조금 늦추었는데 하필이면 그때 커브길이 나타났다. 방향을 틀기에는 너무 늦은 상태라 나는 그대로 커브 옆 비탈길로 추락할 수밖에 없는 상황이었다. 몇 년 전 자동차 사고를 겪어서였을까? 나는 그 찰나의 시점에서 이렇게 떨어지면 분명 큰 사고로 이어질 것이라는 위험과 생명의 위협을 느꼈다. 그리고 나서는 생존

본능으로 나도 모르게 점프하여 가까스로 옆에 있던 나무에 대롱대롱 매달렸고, 내가 타고 있던 바이크는 그대로 곧장 3미터가량 비탈길로 떨어지고 말았다. 정말 순식간에 이루어진 사고였다. 바로 뒤에 따라오던 목격자인 친구는 그때의 내 모습이 한 마리의 원숭이가 나무를 타는 모습 같았다고 하니 얼마나 긴박했었는지 모른다.

액티비티 투어 가이드는 정말 구사일생이라며, 아마도 바이크와 함께 떨어졌다면 하반신 마비 이상으로 큰 사고였을 것이라고 안도의 한숨을 내쉬었다. 그때 나무에 매달렸던 흔적은 아직도 내 오른팔에 깊은 상처로 남아있고, 이후로 나는 운전에 대한 트라우마가 더욱 깊어졌다. 평생 어딘가 크게 다쳐본 적도 없고 깁스를 한 번 해본 적 없는 내가, 이렇게 반복되는 사고를 겪으며 '나는 운전을 하면 안 되는 운명인가?' 하는 생각까지 들게 되었다.

트라우마를 극복하지 못한 채 10년이라는 세월이 흘렀다. 그동안 나는 대중교통에 의존하며 살았고, 아버지께서 직접 운전해 주시는 일도 잦았다.

그러던 어느 날, 아버지께서 조심스럽게 말씀하셨다.

"너도 이제 운전을 다시 배워야 하지 않겠니?"

처음에는 여전히 두려움이 앞섰지만, 서른 중반에 접어든 내가 언제까지나 운전을 피하고 주변 사람들에게만 의존하고 있을 수는 없다는 생각이 들었다.

결국, 아버지의 권유를 받아들여 다시 한번 운전대 앞에 서기로 마음먹었다. 그렇게 아버지가 소개해 주신 경험 많은 운전 연수 선생님과 함께, 나는 오랜만에 차 문을 열고 핸들을 잡았다. 두려움과 떨림 속에서 시작된 연습은 결코 쉽지 않았지만, 한 걸음씩 전진하다 보니 서서히 극복의 실마리가 보이는 듯했다.

　　운전은 나에게 단순한 기술 이상의 의미를 가진다. 그것은 내가 가장 두려워하는 것을 직면하고 극복하려는 의지의 상징이다. 두 번의 사고와 트라우마가 내게 남긴 상처는 아직도 완전히 치유되지 않았지만, 그럼에도 불구하고 나는 멈추지 않고 한 발 더 내디디고 있다.

　　삶은 우리에게 끊임없이 도전과 시련을 던진다. 어떤 순간에는 포기하고 싶은 마음이 가득할 때도 있다. 하지만 바로 그때, 우리는 다시 한 걸음을 내디뎌야 한다. 그 작은 발걸음이 우리를 성장하게 하고, 결국 더 나은 길로 이끌어줄 것이다. 포기하고 싶은 순간에도 한 발 더 나가는 용기, 그것이 지금까지 내가 살아오며 한 걸음 앞으로 나아갈 수 있게 해준 원동력이다.

힘든 순간을 넘길 수 있는 실질적인 방법

인생을 살다 보면 누구나 포기하고 싶은 순간을 맞닥뜨리게 된다. 이는 마치 운전이라는 도전에 처음 직면한 사람이 핸들을 잡은 채 떨리는 손을 바라보며 두려움을 느끼는 것과 같다. 누구나 마음 한구석에선 무엇인가를 겁내고 피하고 싶지만, 결국 그 두려움도 우리가 넘어야 할 작은 언덕일 뿐이다. 그 언덕 너머로 한결 시원한 바람이 부는 길이 펼쳐질 것임을 잊지 말자. 지금부터 소개할 실질적인 방법들은, 그러한 두려움과 맞서며 내가 한 걸음 더 나아가는 데에 큰 도움을 주었던 것들이다.

인간의 두려움은 보이지 않는 어둠 속에서 점점 더 크게 자라난다. 예를 들어, 자동차 핸들을 잡을 때 손바닥에 맺히는 땀과 울렁이는 심장박동을 마음속에만 감춰두면, 그 두려움은 끝없이 증폭

될 수 있다. 이럴 때 나는 빈 종이에 내가 두려워하는 상황과 그때 느끼는 감정을 구체적인 언어로 적어보았다. 운전을 떠올리는 순간, 자연스럽게 두 번의 사고 기억이 떠오르고 몸이 경직되며 공포가 엄습했다. 동시에 언젠가는 운전을 잘하고 싶다는 희미한 희망도 조용히 고개를 든다. 두려워하는 상황과 그때의 감정을 더 구체적으로 표현해 보면, 다음과 같다.

아버지가 도로주행 연습을 하러 가자고 제안하면, 나는 운전대 앞에 서기 전부터 가슴 한가운데가 묵직해지고 솔직히 피하고 싶은 마음이 가장 먼저 든다. 그리고 다른 차량이 내 뒤를 바짝 쫓거나 큰 화물차가 옆 차선에서 달려오는 소리만 들어도 불안과 긴장감이 쿵쾅거리며 심장을 두드린다. 예전에 사고 났던 순간이 선명히 떠올라, 혹시나 옆 차와 부딪칠까 두렵고 또다시 브레이크 타이밍을 놓쳐 큰 사고가 날까 겁이 난다. 그런데도 '조금씩 연습하다 보면 나아질 수도 있지 않을까?' 하는 작은 기대감이 내 마음속에 희미하게 싹튼다. 언젠가는 운전 자체가 자연스러울 것이라는 기대감 덕분에 완전히 포기하지 않고, 조금씩이나마 앞으로 나아가려 한다.

만약 글보다는 그림으로 표현하는 것이 더 편하다면, 무서운 장면을 만화나 가볍게 스케치로 그려보는 것도 좋은 방법이다. 중요한 것은 이렇게 마음속에 숨어 있던 두려움을 눈앞에 실체화하면,

다시 그 두려움을 마주했을 때 '이 정도면 내가 다룰 수 있겠어'라고 생각하게 되더라는 점이다. 바로 이 과정을 통해 나는 내면의 두려움을 정면으로 바라보고, 조금씩 앞으로 나아갈 수 있었다.

큰 도전을 앞두고 단숨에 뛰어들면, 오히려 더 큰 공포에 사로잡힐 수 있다. 이럴 때는 잘 아는 사람, 예를 들어 부모님이나 친구, 혹은 경험 많은 선생님을 곁에 두고 시작하는 것이 좋다. 아이들이 처음 자전거를 배울 때도 마찬가지다. 혼자서 넘어지며 고군분투하기보다는 부모님의 손을 잡고 집 앞 마당에서 천천히 페달을 밟아가며 균형 감각을 익히는 연습부터 하는 것이 필요하다.

나 역시 10년간 운전을 기피한 뒤 다시 도전하려니 두려움이 제일 컸다. 그래서 경험이 풍부한 선생님께 도움을 요청하고 운전을 '처음부터 다시 배운다'라는 마음가짐으로 도로주행 연수를 받았다. 선생님께서는 나의 트라우마를 들으시고는 복잡한 도심 도로 대신 조용한 공터로 이동하셨다. 공터에서 가볍게 시동을 걸고, 사이드미러 각도를 나에게 맞추는 등 차량 조작법에 관한 세심한 설명을 들은 뒤, 차를 천천히 움직여보는 식으로 한 단계씩 익혀나갔다. 아이들이 자전거를 배울 때의 모습을 떠올려보자. 처음에는 보조바퀴가 달린 자전거로 균형을 잡는 연습을 하고, 어느 정도 익숙해지면 보조바퀴를 떼어낸 뒤 천천히 페달을 밟는다. 그런 다음 동네 골목으로 나아가고, 마침내 더 넓은 길에서도 자신 있게 달리게 되는 식이다. 나도 그랬다.

"백지장도 맞들면 낫다"라는 말이 있지 않은가. 간단한 일이라도 협력하면 훨씬 수월해진다는 뜻이다. 실제로 무거운 짐을 홀로 들기엔 너무 버겁지만, 누군가가 반대편을 잡아주기만 해도 그 무게가 한결 가벼워지는 법이다. 두려움 또한 마찬가지다. 혼자서만 움켜쥐려 할 때는 끝없이 무거워지는 불안과 긴장감이 돌았었다. 그러나 주변 사람들의 도움으로 나누기 시작하니, 마치 힘을 합쳐 무거운 상자를 들어 올리는 것처럼 그 부담이 한층 덜어졌다.

도로주행을 다시 시작하려던 처음 그때, 나는 사고 트라우마에 짓눌려 홀로 한 발짝 내딛기가 어려웠다. 그럴 때 조용히 친구에게 도움을 청했다. "조수석에 앉아줄 수 있어?"라고 부탁하자, 친구는 흔쾌히 허락해 주었다. 경직된 몸으로 속도를 내지 못하고 주저하는 순간에도 친구는 "괜찮아, 천천히 속도를 올려봐. 너무 빠르면 내가 말해줄게."라는 그 한마디. 옆에서 함께해 주는 작은 행동이 예상보다 훨씬 큰 안도감을 주었다.

대부분의 두려움은 '나 혼자 맞서야 한다'라는 생각에서 더욱 커진다. 그러나 이 생각의 틀에서 벗어나면 의외로 새로운 길이 열리기도 한다. 친구나 가족, 경우에 따라서 같은 고민을 나누는 사람들에게 조언을 구하거나 함께 연습하는 방법을 찾을 수도 있다. 혼자 걷기엔 끝없이 멀어 보이는 터널도 누군가와 손을 잡으면 짧게 느껴지고, 막막하기만 하던 앞길도 격려 속에서 한 걸음씩 나아갈 수 있는 용기가 생긴다.

"함께라면 두려움도 가벼워진다."

이 말은 단지 격려의 문구가 아니라 실제로 우리 삶에서 적용할 수 있는 실질적인 방법이다. 내 마음의 짐을 덜어줄 누군가가 있다는 사실만으로도, 우리는 한 걸음 더 나갈 수 있는 힘을 얻는다. 빈틈없는 완벽함을 추구하기보다, 필요할 때 도움을 청하고 손을 맞잡을 수 있는 용기, 그 용기야말로 두려움을 넘어설 수 있는 또 하나의 열쇠가 된다.

이 글을 쓰고 있는 오늘도, 나는 약 30분 정도 차량을 운전해 여기까지 왔다. 불과 얼마 전까지만 해도 같은 거리를 대중교통으로 이동하면 1시간 가까이 걸렸으니, 이제 절반의 시간 만에 도착할 수 있다는 사실이 얼마나 몸을 편하게 해주는지 모른다. 반면 마음은 아직도 달래고 있는 중이다. 몸은 편해졌지만, 여전히 운전석에 앉으면 가끔씩 두려움과 긴장감이 문득 고개를 든다.

그럴 때마다 나는 나만의 '마음 다스리기 연습'을 실천한다. 우선, 운전을 시작하기 전 내비게이션에 목적지를 입력한 뒤, 내 머릿속 내비게이션에도 도착 이미지를 그려 넣는다. 즉, 내가 이미 목적지에 무사히 도착해서 멋지게 주차해 놓은 모습을 선명하게 상상하는 것이다. 마치 영화를 재생하듯, 내가 차에서 내려 어깨를 쫙 펴고 가벼운 발걸음으로 이동하는 장면까지 마음속에 담아두면, 그 순간 미리 성공을 맛보는 기분마저 든다.

주행 중에는 차 안의 분위기를 가능한 한 편안하게 만들려고 한다. "괜찮아, 잘하고 있어!", "여기까지 잘 왔잖아. 조금만 더 힘내 보자." 같은 말을 스스로에게 건네며 마음을 다독인다. 때로는 좋아하는 음악을 조용히 틀어놓거나, 창밖으로 지나가는 풍경을 살짝 살펴보며 마음을 느긋하게 유지하려고 한다. 이렇게 사소한 행동들만으로도 내 마음을 안정시키는 데 놀라울 만큼 큰 도움이 된다.

그럼에도 불구하고, 갑작스러운 상황이 닥쳐 심장이 철렁 내려앉고, 몸과 마음이 동시에 굳어버리는 순간이 올 때가 있다. 그럴 때 나는 잠시 호흡에 집중한다. 코로 천천히 숨을 깊게 들이쉬고, 입으로 길게 내쉬며 가슴에 차오른 긴장을 조금씩 밖으로 내보낸다. 결국, 마음을 다스리는 연습이란 긴장감과 두려움을 완전히 없애는 것이 아니라, 그것들이 나를 주저앉히지 못하도록 조절하고 받아들이는 기술이다.

이러한 연습을 통해 나는 지금도 조금씩 나아지고 있다. 마음은 아직도 완벽히 편하지 않을 수 있지만, 운전할 때 예전보다 훨씬 차분해진 스스로를 발견할 때면 "나 그래도 많이 좋아졌어"라는 작은 뿌듯함이 가슴속에 돋아난다.

운동은 단순히 몸을 단련하는 행위가 아니다.

그것은 나를 변화시키는 시간이고,

또 다른 나 자신과 마주하는 시간이다.

허약했던 몸과 불안정했던 마음이 운동을 통해

조금씩 변화하는 과정을 경험하며 나는 깨달았다.

운동은 하루를 준비하고, 삶을 긍정적으로 만드는

가장 단순하지만 강력한 도구라는 것을.

나처럼 운동을 시작하기 힘들었던 사람도

한 발짝만 내디디면 된다.

'한 번 나가 걸어보는 것', 한 계단만 더 올라보는 것' 같은

작은 시작이 결국 큰 변화를 이끌어 낸다.

2부

작은 실천이
가져다준 큰 변화

작은 실천이
마음과 생각을 바꿀 때

작은 실천이 우리의 마음과 생각을 바꿀 때, 그 변화는 예상보다 훨씬 더 큰 영향을 미친다. 책에서 강조한 '아침 시간의 중요성'과 '작은 실천이 만드는 변화'라는 메시지는 당시의 나에게 꼭 필요한 말이었다. 그날 이후, 나는 아침을 새롭게 시작하기로 결심했다. 그전까지는 아침에 일어나자마자 하루를 준비하느라 정신없이 지냈지만, 밀접 접촉자로 격리 중인 지금이야말로 아침을 새롭게 설계할 절호의 기회라고 생각했다.

첫날 아침, 평소보다 30분 일찍 일어나 이불을 정리하고 창문을 열어 환기하며 신선한 공기를 마셨다. 단 몇 분간의 행동이었지만, 그 순간은 나에게 무척 특별하게 느껴졌다. 작은 실천 하나를 했다는 사실만으로도 내 안에 묘한 성취감이 들었고, 마치 하루를 새롭게 시작할 수 있을 것 같은 기분이 들었다. 이 작은 행동이 처음에는 어색했지만, 나에게는 새로운 가능성을 열어주는 시작이었다. 침대에 누워 더 자고 싶은 욕구를 억누르고 일어나기까지의 몇 초가 힘들었지만, 그런 나를 이겨낸 것이 자랑스러웠다. 아침 공기를 마시며 깊게 들이쉰 숨은 나에게 새로운 하루를 열어주는 시작 버튼처럼 느껴졌다.

그 후 나는 아침 루틴을 조금씩 더 추가해갔다. 유튜브에서 명상 영상을 찾아보며 하루 10분 명상을 시작했고, 간단한 스트레칭을 추가했다. 처음에는 명상이 어색했다. 가만히 앉아 호흡에 집중하려 하니 온갖 잡생각이 떠오르고, 5분도 지나기 전에 지루해졌다. 하지만, 계속 반복하다 보니 내면의 평화를 찾는 법을 조금씩 깨닫게 되더라. 특히 '호흡에 집중하는 명상'은 나의 불안감을 잠재우는 데 큰 도움이 되었다. 호흡 하나에 집중하는 짧은 시간이었지만, 그 순간만큼은 마음이 차분해지고 안정되는 것을 느낄 수 있었다.

스트레칭 역시 내 몸과 마음을 유연하게 만드는 중요한 시간이 되었다. 평소 운동과는 거리가 먼 내가 아침마다 몸을 움직이는 루틴을 추가하면서, 하루가 달라졌다. 단 몇 분의 스트레칭만으로도 몸이 가벼워졌고, 기분이 상쾌해졌다. 무엇보다 아침 루틴을 통해 하루의 첫 단추를 내가 스스로 끼운다는 느낌이 들어 좋았다. 이 모든 변화는 단순히 격리라는 상황에서의 일시적인 변화라고 생각했다. 그러나 격리가 끝난 후에도 이 작은 루틴들은 내 일상이 되었다. 출근하기 전에 짧게나마 나만의 시간을 가지는 것이 하루를 살아가는 태도를 완전히 바꿔놓았다. 예전에는 아침에 일어나기 바빴고, 늘 시간에 쫓기는 기분이었다. 그러나 이제는 아침이 나에게 특별한 시간으로 느껴졌다.

미라클 모닝을 통해 나는 중요한 사실을 깨달았다. 진정한 변화는 작은 실천에서 시작된다는 것이다. 거창한 목표를 세우기보다, 지금 당장 내가 할 수 있는 작은 행동부터 시작하는 것이 중요하다는 것을 말이다. 우리는 종종 너무 큰 변화를 기대하며 스스로를 압박한다. 하지만 그런 목표는 쉽게 실현되지 않으며, 시작하기도 전에 압도당하거나 금방 지쳐버린다. 아침에 이불을 정리하고 창문을 열어 환기하며 신선한 공기를 마시는 작은 행동이 내게 얼마나 큰 변화를 가져다줄지 그때는 상상도 하지 못했다. 그러나 작은 실천은 나를 긍정적으로 바꾸기 시작했고, 하루하루 그 변화가 쌓여 내 삶을 새롭게 만들어갔다.

이 작은 실천의 반복은 나에게 자신감을 키워주었다. 하루를 시작하며 이룬 작은 성취는 나에게 "나는 해낼 수 있다"는 믿음을 심어주었다. 그것은 단순한 이불 정리나 스트레칭이었지만, 그런 사소한 성공 경험이 주는 긍정적인 감정은 생각보다 강렬했다. 이런 작은 성공들이 점점 더 큰 목표에 도전할 용기를 만들어주었다. 가장 중요한 깨달음은 변화를 시작하는 데 있어 완벽할 필요는 없다는 것이다. 종종 우리는 '완벽하게 준비되면 시작하겠다'라며 변화를 미루곤 한다. 하지만 완벽을 기다리는 것보다, 지금 할 수 있는 작은 실천을 하는 것이 훨씬 중요하다. 아침 30분을 활용해 이불을 정리하고 스트레칭을 하며 하루를 시작한 그 작은 시도가 내 삶을 바꾸는 시작이었다.

또한, 나는 작은 실천의 하나로 찬물 샤워를 도입했다. 여름이야 날이 더우니 무조건적으로 찬물로 샤워를 하지만, 겨울은 어떤가? 날이 추운데 찬물을 몸에 끼얹는다고 생각만 해도 몸서리쳐지지 않는가. 물론 다짜고짜 처음부터 찬물을 들이붓는 것은 아니다. 찬물 샤워는 일반적으로 모든 샤워를 끝내고 나서 1~2분 정도 찬물로 마무리하는 것이다.

뇌과학자 앤드류 후버만 박사는 찬물 샤워가 신경계에 미치는 긍정적인 효과를 강조한다. 뇌과학 관점에서 보면 찬물 샤워는 뇌와 신체의 여러 영역에 복합적인 자극을 주어 다양한 이점을 가져다준다고 한다. 처음에는 힘들게 느껴질 수 있지만, 점진적으로 찬물에 적응하게 되면 도파민이 증가하면서 활력이 넘치는 기분을 느낄 수 있다. 쉬운 도파민 중독을 피하고 보다 지속적이고 건강한 방식으로 도파민 시스템을 유지할 수 있게 되는 것이다.

나 역시도 처음에는 찬물 샤워라는 말만 들어도 두려웠다. 심지어 나는 여름에도 따뜻한 물로 몸을 감싸는 것이 익숙했기 때문에 차가운 물에 몸을 맡기는 것은 큰 도전이었다. 그러나 매일 아침 찬물 샤워를 시도하면서 점차 몸이 적응하기 시작했다. 찬물 샤워는 단순히 몸을 깨우는 것 이상의 효과를 가져다주었다. 첫 샤워 후 느낀 상쾌함은 하루를 활기차게 시작할 수 있는 에너지를 주었고, 체온을 낮추는 과정에서 몸의 순환이 촉진되었다. 또한, 찬물 샤워는 정신력을 강화하는 데에도 큰 도움이 되었다. 추운 물에 몸을 담그는 순간, 자연스럽게 심호흡을 하게 되었고, 이는 명상과 스트레칭과 함께 내면의 평화를 찾는 데 기여했다. 찬물 샤워를 통해 나는 더 강인한 의지력을 키울 수 있었고, 어려운 상황에서도 흔들리지 않는 마음가짐을 가지게 되었다.

찬물 샤워를 지속하면서, 나는 신체적, 정신적으로 많은 변화를 경험했다. 아침에 일어나는 것이 점점 더 쉬워졌고, 하루 종일 에너지가 넘치는 기분을 느꼈다. 또한, 면역력이 강화된 것 같은 느낌을 받았고, 피부와 머리카락 상태도 개선되었다. 찬물 샤워는 스트레스 해소에도 효과적이었고, 하루를 긍정적으로 시작하는 데 중요한 역할을 했다. 이러한 작은 실천들이 모여 내 삶에 큰 변화를 가져다주었고, 나는 더욱 건강하고 활기찬 일상을 누릴 수 있게 되었다.

작은 실천이 가진 힘은 단순히 하루를 시작하는 행동 그 이상이다. 그것은 우리가 삶을 스스로 통제할 수 있다는 확신을 주며, 변화에 대한 희망을 품게 만든다. 그것은 우리를 무기력함에서 벗어나게 하며, 점점 더 나은 삶으로 이끄는 길을 열어준다.

이제 나는 더 이상 한 번에 거대한 변화를 기대하지 않는다. 대신 지금 이 순간, 내가 할 수 있는 가장 작은 실천에 집중한다. 그리고 그것이 나를 하루하루 더 나은 방향으로 이끌어 줄 것임을 믿는다.

당신도 오늘 아침, 작은 실천 하나를 시작해 보길 바란다. 그것이 당신의 하루, 나아가 삶을 얼마나 크게 바꿀 수 있을지 상상도 하지 못할 것이다. 하지만 분명한 것은, 그 작은 실천이 당신의 삶을 바꾸는 첫걸음이 될 것이라는 사실이다. 오늘이 바로 당신의 변화가 시작되는 날이다. 작은 행동 하나가 가져다주는 긍정적인 변화는 생각보다 훨씬 크며, 그것은 당신의 일상에 깊은 영향을 미칠 것이다. 시작은 작을지라도, 그 지속적인 실천이 모여 큰 변화를 만들어낸다는 것을 믿어 의심치 않는다. 오늘부터 작은 실천을 통해 당신의 삶을 새롭게 설계해 보길 권한다. 그 첫걸음이 당신의 미래를 밝게 비추는 빛이 될 것이다.

아침 루틴 하나로
하루를 바꾸는 방법

아침은 단순히 하루를 시작하는 시간이 아니다. 그것은 하루 전체의 생산성과 심리적 안정감을 좌우하는 시간이다. 누구나 아침의 중요성을 알고 있지만, 알면서도 지키지 못하는 것이 현실이다. "내일은 반드시 일찍 일어나야지."라고 다짐하지만, 이불 속의 유혹을 이기지 못한 경험이 한 번쯤은 있을 것이다.

나 또한 항상 다짐만 반복하는 그런 평범한 사람 중 하나였다. 미라클 모닝에 대해 알게 되었을 때도 마찬가지였다. 아침의 중요성과 효과는 책과 강연을 통해 익히 들어 알고 있었지만, 그것을 실천하는 건 전혀 다른 문제였다.

그러던 어느 날, 유튜브에서 한 영상을 접하게 되었다. 멜 로빈스의 "5초 법칙" 그리고 "셀프 하이파이브". 그리고 이 두 가지 법칙은 나의 아침을, 더 나아가 내 하루를 완전히 바꿔놓았다.

저자 멜 로빈스는 "우리가 변화를 망설이는 이유는 두려움과 익숙함 때문이다. 우리의 뇌는 그 두려움을 핑계 삼아 새로운 행동을 포기하도록 만든다"라고 말한다. 이를 극복하기 위해 그녀가 제안한 것이 바로 5초 법칙이다.

원리는 간단하다. 어떤 일을 해야겠다고 생각이 들면 5초 안에 행동으로 옮기는 것이다. 그 시간이 지나면 뇌는 핑계를 만들어 행동을 미루게 된다. 침대에서 일어나는 것조차 마찬가지다. 알람 소리가 들렸을 때, 우리는 습관적으로 '5분만 더'를 외친다. 하지만 그 순간 5-4-3-2-1을 마음속으로 세고 바로 일어나면, 핑계를 만들 시간이 사라진다.

사람의 뇌는 새로운 생각을 행동으로 옮기는 데 걸리는 시간이 매우 짧다. 뇌과학적 관점으로 보았을 때 보통 생각을 하고 행동에 대한 부정적인 인식이 드는 데는 약 5초 정도가 걸린다고 한다. 이 5초가 지나기 전에 행동으로 옮기지 않으면 우리의 뇌는 두려움이나 불안 같은 부정적인 감정을 만들어내며, 그 행동을 미루거나 포기하게 만드는 것이다. 그렇기 때문에 5초 안에 바로 움직이는 것이 중요하다. 멜 로빈스의 5초 법칙은 이러한 뇌의 반응을 이용해, 부정적 인식이 자리 잡기 전에 행동하도록 돕는 강력한 도구다.

나는 처음 이 법칙을 들었을 때, 너무 단순해서 믿기지 않았다. 그러나 호기심에 한 번 실천해 보기로 했다. 결과는 너무나도 놀라웠다. 알람 소리가 울리자마자 "5-4-3-2-1"을 세고 몸을 일으키자, 그날 하루는 이전과는 완전히 달랐다. 그렇다고 무조건적으로 5초 안에 모든 것이 바뀐 것은 아니었다. 예를 들면, 평소에 알람을 끄고 다시 잠을 청했다면 이제는 벌떡 일어나지는 못해도 5초 안에 무거운 몸을 세워 침대에 걸터앉는 정도였다. 그리고 다시 5초 안에 화장실로 향하는 정도였다. 물론, 그 사이에 순간 졸기도 했지만, 중요한 것은 이전과 달리 조금씩 무언가를 해냈다는 작은 성취감으로 하루를 시작할 수 있었다.

나는 그날 이후 꾸준히 이 법칙을 아침에 적용하면서 나만의 습관으로 만들었다. 이제는 알람이 울리면 고민 없이 바로 일어나는 것이 자연스러워졌고, 그 작은 변화는 하루 전체에 걸쳐 긍정적인 영향을 미쳤다. 아침의 첫걸음을 성공적으로 떼어내는 것이 하루의 자신감으로 이어졌고, 이는 또 다른 나만의 도전들에도 긍정적인 영향을 끼쳤다.

5초의 법칙은 단순하지만 강력하다. 우리는 변화하고 싶지만 두려움과 익숙함에 빠져 무언가를 시작하지 못할 때가 많다. 그럴 때 5초라는 짧은 시간 안에 행동을 옮김으로써 우리의 뇌가 핑계를 만들지 못하게 하는 것이다. 이렇게 아침 루틴에 적용된 5초의 법칙은 나를 더 강하게, 더 주도적으로 만들었다. 작은 실천이 쌓여 큰 변화를 이끌어내는 과정을 직접 경험하며, 나는 하루하루 조금씩 더 나은 나로 변화해가고 있다.

5초 법칙이 아침에 행동을 촉진하는 도구라면, 멜 로빈스의 또 다른 법칙인 "셀프 하이파이브"는 아침의 정서적 시작을 긍정적으로 만들어주는 도구다. 우리가 하이파이브를 하는 대상은 보통 응원하거나 격려하고 싶은 사람들이다. 스포츠 경기에서 선수들에게, 친구에게, 가족에게. 그런데 우리가 스스로에게 하이파이브를 건넬 때, 우리의 뇌는 그것을 긍정적 신호로 받아들인다. 그렇다면 어떻게 스스로 하이파이브를 할 수 있을까? 의외로 셀프 하이파이브는 아주 간단하다. 아침에 거울 앞에 서서 나 자신에게 하이파이브를 건네는 것이다. 이 행동은 단순하지만, 심리적으로는 매우 강력한 의미를 지닌다.

나는 아침에 알람이 울리면, 5초 법칙을 활용해 곧바로 일어나 세면대로 향했다. 그리고 거울 속 나 자신과 마주하며 하이파이브를 건네는데 솔직히 말해 처음에는 너무 어색해서 어쩔 줄을 몰랐다. 평소 거울은 단순히 외모를 점검하기 위해 사용하는 도구일 뿐, 온전히 나 자신과 마주할 도구라고는 생각해 본 적이 없었으니까 말이다. 그렇기에 거울 속 내 눈을 응시하는 것조차 쉽지 않았다.

하지만 매일 아침, 꾸준히 셀프 하이파이브를 반복하면서 놀라운 변화를 느낄 수 있었다. 처음에는 "내가 이런 걸 왜 하고 있지?"라는 부정적 생각이 들기도 했었지만, 점차 그 하이파이브는 나 자신에게 보내는 응원이 되어가고 있었다. "괜찮아, 잘하고 있어.", "오늘도 힘내자."라는 긍정의 메시지가 거울 속 나 자신에게 전달되는 듯한 느낌이

들었다.

이 작은 행동이 주는 심리적 효과는 놀라웠다. 아침마다 하이파이브를 건네며 하루를 시작한 이후, 나는 더 이상 '힘든 하루를 견뎌야 한다'라는 부정적인 마음이 아닌, '오늘 하루도 해낼 수 있다'라는 긍정적인 마음가짐으로 하루를 시작할 수 있게 되었다.

이 두 가지 법칙을 아침 루틴으로 실천하면서, 내 하루는 눈에 띄게 달라졌다. 과거에는 알람 소리를 듣고 다시 잠에 빠지거나, 억지로 침대에서 몸을 일으키는 일이 많았다. 그렇게 되면 하루의 시작부터 무기력함으로 부정적 생각만 따라왔다. 그러나 5초 법칙과 셀프 하이파이브 습관을 적용한 후, 내가 맞이하는 아침은 더 이상 힘겨운 시간이 아니었다.

두 개의 루틴 모두 복잡하거나 특별한 도구가 필요하지 않다. 단지 마음속으로 5초를 세고, 거울 앞에서 하이파이브를 건네는 간단한 행동이다. 단순한 행동이지만 그 효과는 절대 단순하지 않다. 5초 안에 움직이는 작은 실천이 당신의 하루를 시작하게 하고, 거울 앞의 하이파이브가 당신의 마음가짐을 긍정적으로 만든다. 두 가지를 꾸준히 실천한다면, 당신도 내 경험처럼 하루가, 그리고 결국 삶이 바뀌는 것을 피부로 느끼게 될 것이다.

아침 루틴 하나로 하루를 바꾸는 방법은 거창한 것이 아니다. 단순히 5초의 법칙을 통해 작은 행동을 실천하는 것에서 시작된다. 새로운 아침, 알람이 울리면 5-4-3-2-1을 세고 5초 안에 몸을 일으켜보

자. 그리고 나서 나 자신과 셀프 하이파이브로 스스로를 응원해 보자. 그것이 당신의 하루를 바꾸고, 나아가 인생을 바꾸는 단초가 될 것이다.

몸과 마음의 건강을 되찾아가는 과정

코로나19 팬데믹은 우리의 일상에 큰 변화를 가져왔다. 멈춰버린 세상 속에서 나는 매일 퇴근 후 맥주 한 캔으로 하루를 마무리하는 습관을 들이게 되었다. 처음에는 스트레스를 해소하기 위한 작은 행동이었지만, 시간이 지나면서 이 습관은 내 삶을 지배하게 되었다. 피로는 쌓이기만 했고, 자기계발은커녕 삶의 방향조차 보이지 않는 악순환에 빠지게 되었다. 이러한 상황에서 나는 몸과 마음의 건강을 되찾기 위해 '미라클 모닝'을 시도하게 되었다. 미라클 모닝은 하루를 여섯 가지 핵심 활동으로 시작하는 루틴으로, 단순한 습관을 넘어 삶의 방식을 변화시키는 데 중점을 둔 방법이다. 이 루틴은 침묵, 확언, 시각화, 운동, 독서, 글쓰기로 구성되어 있다.

먼저, 침묵을 통해 하루를 시작하는 것이 중요하다. 명상이나 심호흡을 통해 마음을 차분하게 하고 내면의 균형을 되찾을 수 있다. 하버드 대학교의 연구에 따르면, 규칙적인 명상은 스트레스 감소와 집중력 향상에 크게 기여한다고 한다. 처음에는 몇 분간 조용히 앉아 있는 것조차 어색했지만, 점차 스트레스가 줄어들고 하루를 준비하는 데 큰 도움이 되었다. 이러한 침묵의 시간은 마음의 평화를 찾는 데 필수적인 요소로 작용하였다.

다음으로, 확언을 통해 스스로에게 긍정적인 메시지를 전달하며 자신감을 키운다. 거울 앞에서 "오늘도 해낼 수 있다"라는 문장을 반복하며 스스로를 격려하는 것은 의식을 긍정적으로 바꾸고 목표를 향한 의지를 강화하는 데 효과적이다. 스탠퍼드 대학의 연구에서는 긍정적인 확언이 뇌의 전전두엽 활동을 증가시켜 문제 해결 능력과 창의성을 향상하는 것으로 나타났다. 이러한 확언의 반복은 나의 자존감을 높이고, 도전에 맞서는 힘을 길러주었다.

시각화는 내가 이루고자 하는 목표를 마음속에 그려보는 과정이다. 매일 아침, 하루를 성공적으로 보낸 내 모습을 상상하며 긍정적인 에너지를 얻는다. 《하버드 비즈니스 리뷰》에서는 시각화가 목표 달성에 중요한 역할을 하며, 실제 행동을 준비시키는 데 도움을 준다고 강조한다. 현재는 나만의 비전보드를 작성하여 책상에 게시해 놓고, 수시로 그 목표를 이루었을 때의 기쁨을 구체적으로 떠올리며 앞으로의 비전을 그려나가고 있다. 이러한 시각화는 나의 목표에 대한 명확한 비전을 제공하고, 지속적인 동기부여를 가능하게 한다.

운동을 통해 몸과 마음을 깨우는 것도 중요한 부분이다. 처음에는 간단한 스트레칭부터 시작했지만, 점차 근처 공원에서 산책하거나 가벼운 달리기를 하며 에너지를 충전할 수 있게 되었다. 새벽에 상쾌한 공기를 마시며 걸었던 산책은 하루를 활기차게 시작할 수 있는 큰 원동력이 되었으며, 현재는 새벽 러닝을 즐기고 있다.

미국 심장 협회는 규칙적인 신체 활동이 심혈관 건강뿐만 아니라 정신 건강에도 긍정적인 영향을 미친다고 보고하고 있다. 이러한 운동 습관은 내 신체적 건강을 유지하는 데뿐만 아니라, 정신적 스트레스를 해소하는 데도 큰 도움이 되었다.

독서는 사고를 확장하고 새로운 아이디어를 떠올리게 해주는 중요한 활동이다. 매일 10분씩이라도 책을 읽으며 나 자신에게 투자했다. 《뉴욕 타임즈》의 베스트셀러 목록에 오른 다양한 자기계발서들은 독서의 중요성을 다시금 일깨워준다. 독서와는 거리가 멀었기에 처음에는 유료 독서 챌린지를 활용했다. 하루에 20분씩 타임랩스로 독서하는 모습을 촬영하여 인증하는 챌린지가 많은 도움이 되었다. 이러한 독서 습관은 나의 지적 호기심을 자극하고, 다양한 관점을 이해하는 데 기여하였다.

글쓰기를 통해 나는 하루의 계획을 정리하고, 내 감정을 객관적으로 바라볼 수 있게 되었다. 오늘 하루의 일과를 미리 적어보는 것을 시작으로 계획을 세워보고, 저녁에는 피드백을 하면서 점점 글쓰기와 친해졌다. 하버드 대학교의 연구에 따르면, 글쓰기는 정서 조절과 스트레스 관리에 효과적이며, 개인의 자기 인식을 높이는 데 기여한다고 한다. 이제는 블로그도 꾸준히 작성하며 나를 알리고 있다. 글쓰기는 나의 생각을 명확히 정리하고, 감정을 건강하게 표현하는 중요한 도구가 되었다.

미라클 모닝을 실천하면서 나는 중요한 것은 무조건적으로 아침 일찍 일어나는 것이 아니라, 아무에게도 방해받지 않는 오롯이 나 자신과 마주하는 시간이라는 것을 깨달았다. 독학 관리학원의 담임으로 근무하다 보니 출근 시간이 남들보다 빠른 오전 7시 30분이었다. 그래서 나만의 시간을 가지려다 보니 자연스럽게 아침 시간을 앞당길 수밖에 없었다. 처음에는 6시에 시작했지만, 점차 나만의 루틴에 맞춰 시간을 조정하여 결국 4시 30분에 정착하게 되었다. 그러나 내가 강조하고 싶은 것은, 이 시간이 반드시 정해진 기준일 필요는 없다는 것이다. 현재, 나는 지인들과 함께 '미라클 모닝 챌린지'를 운영하고 있다. 이 챌린지에서 강조하는 것은 무조건 몇 시에 일어나야 한다는 규칙이 아니라, 평소보다 단 10분이라도 일찍 일어나 스스로 하루를 시작해 보는 작은 행동이다. 그리고, 나와 함께 1년간 미라클 모닝 챌린지에 참여한 이들의 후기가 그 효과를 잘 보여주고 있다.

"기상시간도 습관으로 바꿀 수 있다는 것이 놀랍고 몸이 적응한 것이 아직도 신기해요. 아침 시간을 아주 건설적으로 쓰지는 못했지만, 내년에도 일찍 일어나는 걸 유지하면서 아침 습관을 조금 더 추가할 수 있었으면 좋겠어요. 혼자서는 절대 못 만들 습관이었는데 함께해주셔서 너무 감사합니다."

"중간에 많이 놓치기도 했지만, 그래도 포기하지 않은 나 자신에게 고생했다고 말하고 싶어요. 내년에도 포기하지 않고 완주해볼게요!"

"마지막까지 잘 지켜내지는 못했지만, 그래도 열심히 인증하던 때의 성취감을 맛보았다는 것에 다시 이뤄낼 힘이 생겼습니다!"

"저는 끈기가 없는 편인데, 무려 1년간 함께 해주셔서 감사합니다. 다시 자버린 날도, 못 일어난 날도 많았지만 새해에는 더욱 아침 시간을 활용할 수 있도록 계속 함께하겠습니다."

"함께 하니까 재미있게 기상습관을 만들어서 감사하고, 아침에 조용하게 보내는 시간이 좋다는 것을 알게 되었어요."

"중간중간 고비가 있었지만, 미라클 챌린지 덕분에 꾸준히 할 수 있었습니다."

이러한 작은 변화가 얼마나 큰 변화를 가져올 수 있는지를 직접 경험하며 많은 챌린저들이 변화하는 모습을 보면서 나 역시 뿌듯함과 감사함을 느끼고 있다.

미라클 모닝을 실천하면서 나는 단순히 몸을 깨우는 것에 그치지 않고, 마음까지도 치유되었다. 매일 아침, 새벽 공기를 마시며 산책하고 책을 읽어 지식을 쌓으며, 플래너를 통해 목표를 설정하다 보니 나는 조금씩 더 나은 사람으로 변화했다. 무엇보다 매일 아침 자신과 마주하는 시간은 내가 삶의 주체임을 깨닫게 해주었다. 나는 더 이상 과거의 실수나 불확실한 미래에 흔들리지 않았으며, 대신 오늘 하루를 어떻게 보낼지에 집중하며 나를 위해 행동할 수 있는 힘을 얻었다.

베스트셀러 《부자 아빠, 가난한 아빠》의 저자 로버트 기요사키는 "부자와 가난한 사람의 단 하나의 차이점은 시간을 어떻게 사용하느냐에 달려 있다"라고 했다. 이 세상에 존재하는 누구에게나 공평한 것은 딱 하나다. 바로 하루 24시간이다. 누구나 똑같이 사용할 수 있기에 차별 없이 평등하다. 하지만 대부분의 사람들은 성공하고 싶다고 말하면서도 시간이라는 소중한 자원을 잘 활용하지 못하고 있다. 미라클 모닝은 단순한 아침 습관이 아니다. 이는 하루를 주도적으로 시작할 수 있도록 돕는 강력한 도구이다. 오늘부터 평소보다 단 5분이라도 일찍 일어나 자신과 마주하는 시간을 가져보자. 짧은 스트레칭, 몇 줄의 글쓰기, 혹은 목표를 떠올리는 시각화 연습만으로도 충분하다. 중요한 것은 그 시간이 오롯이 자신을 위한 시간이라는 점이다. 당신의 하루는 어떻게 시작하느냐에 따라 완전히 달라질 수 있다. 오늘, 당신만의 미라클 모닝을 시작해 보자. 당신의 몸과 마음은 이미 기적이라는 변화를 맞이할 준비가 되어 있다.

운동이 일상에 스며들게 하는 방법

운동은 단순히 몸을 단련하는 것을 넘어, 마음을 건강하게 만들고 삶의 방향까지 바꿀 수 있는 강력한 도구이다. 하지만 운동을 습관으로 만드는 것은 결코 쉬운 일이 아니며, 특히 나처럼 몸이 허약했던 사람에게 운동은 더욱 멀게만 느껴졌다. 아주 어릴 적부터 나는 기관지 천식 판정을 받았다. 환절기가 되면 나와 우리 가족은 항상 비상 상태였고, 흔한 감기조차 나에게는 너무나도 가혹하게 다가왔다. 병원과 약을 끊임없이 찾아야 했던 유년 시절은 참으로 힘들었다. 몸에 좋은 음식이나 약들을 거의 다 먹어본 것 같을 정도로 다양한 시도와 노력을 해왔지만, 현재의 건강을 되찾은 것이 어떤 여러 요인들의 결합 덕분인지는 잘 모르겠다. 특히 나에게 맞는 의사 선생님을 만나고부터 천식이 조금씩 나아지기 시작했다. 그때부터는 부모님의 노력과 함께 훌륭한 치료를 받으며 서서히 건강을 회복할 수 있었다.

하지만 몸이 조금씩 나아졌음에도 불구하고 운동은 여전히 나에게 '넘을 수 없는 벽'처럼 느껴졌다. 나는 국민 약골 수준의 체력을 가졌기에 뛰는 것은커녕, 조금만 빠르게 걸어도 몸이 비상등을 켜는 상황이었다. 잠을 자다가도 가끔씩 쌕쌕거리는 호흡 때문에 죽을 고비도 몇 번 넘겼고, 이로 인해 휴대용 호흡기를 항상 가지고 다녀야 했다. 몸이 약하니 마음도 자연스럽게 위축되었고, 나는 어릴 적부터 지극히 평범함을 넘어선 소극적인 아이였다.

시간이 흘러 나도 국방의 의무를 지게 되는 나이가 되었다. 20살이라는 나이에 병무청 신체검사를 받은 결과는 3급이었다. 그 당시 몸무게는 48kg에 시력 저하로 인해 겨우 턱걸이로 현역 입대가 가능한 등급이었다. 주변 친구들은 오히려 몸무게를 더 줄여서 면제나 공익근무요원 판정을 받으라는 우스갯소리를 하곤 했다. 나는 겉으로는 웃어넘겼지만, 속으로는 너무나 자존심이 상했고 허약한 나 자신을 원망스러워했다. 그래도 당당히 군 복무를 정당하게 하고 싶다는 마음에 가족들과 주변 사람들의 우려 속에서 현역으로 입대하게 되었다.

군 생활은 녹록지 않았다. 특히 완전군장으로 행군을 하게 될 때면 내 몸무게의 절반가량을 짊어져야 했기에 정신적, 육체적으로 큰 고통을 겪었다. 그 당시 선임들이 붙여준 별명은 '전투 치킨'이었다.

병든 닭 같은 몰골이지만 끝까지 해내는 모습에 붙여준 별명이었다. 아직도 선임들이 불러주던 "전투 치킨, 파이팅"이라는 응원의 목소리가 귀에 맴돈다. 돌이켜보면 단 한 번도 훈련을 열외한 적은 없었고, 기관지 천식에도 불구하고 화생방 훈련조차 모두 견뎌냈다. 너무나도 고통스러웠지만, 이겨내고 싶었고 극복하고 싶었다.

다행히도 성장하면서 건강이 많이 호전되어 군대에서 규칙적인 생활과 짬밥 덕분에 살도 조금 쪘다. 그러나 전역 후 민간 사회에 적응하면서 규칙적인 생활은 무너졌고, 자연스럽게 쪘던 살도 원상 복귀했다. 항상 허약한 몸과 저조한 체력이 콤플렉스였던 나는 헬스장을 등록하고 퍼스널 트레이닝을 받아보기도 했으며, 파우더나 닭가슴살로 단백질을 보충하기 위해 고군분투하기도 했다.

그러던 중 코로나 시기에 스트레스를 맥주로 풀다 보니 뜻하지 않게 뱃살이 늘어났다. 마른 비만이 된 내 모습을 보고 정말 큰 충격을 받았다. 부모님조차 뱃살을 빼라는 잔소리를 하기 시작해 스트레스가 치솟던 무렵, 더 이상은 안 되겠다는 생각에 운동을 결심하게 되었다.

처음 운동을 시작했을 때는 팔굽혀펴기 10개조차 정자세로 하기 어려웠다. 군대 시절에는 그 정도가 가능했지만, 전역한 지 15년이 지난 지금은 과거의 '국민 약골' 시절로 되돌아간 듯했다. 코로나 시기에 다시 헬스장을 등록하고 트레이닝을 받기엔 여건이 안 되었기에, 결국 지금의 내 모습을 있는 그대로 인정하고 받아들일 수밖에 없었다.

그러던 중 우연히 유튜브 알고리즘이 특단의 조치를 취한 것인지, 무릎 꿇고 팔굽혀펴기 영상을 하나 추천받았다. 근력이 없는 정말 허약한 체력을 증진시키기 위한 방법이었다. 무릎을 꿇고 하는 팔굽혀펴기는 나에게 더 자존심을 상하게 했지만, 그래도 시도해 보기로 했다. 그렇게 아주 조금씩 맨몸 운동으로 무릎 꿇고 팔굽혀펴기부터 시작해 스쿼에 이어 어느새 내 방에는 가벼운 덤벨까지 들여놓게 되었다.

어느 정도 근력이 생긴 후 자신감이 붙기 시작하던 어느 날, 나는 평소처럼 새벽 4시 30분에 일어나 나만의 미라클 모닝 루틴을 진행하고 있었다. 책상에 앉아 창밖을 보니, 집 앞 공원에서 사람들이 걷거나 뛰고 있는 것이 아닌가! 시간이 새벽 5시 30분임을 확인하고 문득 '나도 한번 나가볼까?'라는 생각이 들었다. 하지만 내면의 목소리가 반대로 말했다. '무슨 말 같지도 않은 소리야? 지금이 몇 시인데! 이렇게 새벽에 일어나는 것도 비정상인데, 밖을 나간다는 게 제정신이냐?' 그럼에도 불구하고 호기심이 발동했고, 결국 한 번만 나가보자는 마음으로 신발을 신고 현관문을 열었다.

처음 새벽 공원을 걷는 것은 상쾌한 충격이었다. 이른 아침의 맑은 공기를 마시며 걷는 행위는 몸을 깨우는 것뿐 아니라 마음을 가볍게 만들어주었다. 이렇게 산책을 꾸준히 하다 보니 자연스럽게 더 큰 도전에 대한 용기가 생겼다. 그 도전은 바로 비상계단 오르기였다.

2022년 1월, 나의 새해 버킷리스트 중 하나가 계단 오르기였다. 전신 운동으로서 건강에 좋다는 이야기를 많이 들어왔기에 도전해 보고 싶었다. 특히 집이 중간이 아닌 27층 꼭대기에 위치해 있어 더욱 도전의식이 생겼다. 새벽마다 가볍게 산책을 하고 들어오는 어느 날, 오른쪽 엘리베이터를 등지고 왼쪽 비상계단으로 향했다. 내면의 목소리는 또다시 반대했다. '무슨 말 같지도 않은 소리야? 출근 시간이 얼마 남지 않았는데! 이렇게 새벽에 공원을 산책하는 것도 비정상인데, 멀쩡한 엘리베이터를 두고 계단으로 오르겠다는 게 제정신이야? 그러나 나는 호기심을 억누를 수 없었고, 한 번만 올라가 보자는 마음으로 한 계단씩 오르기 시작했다. 27층 비상계단에 도착했을 때, 시계를 보니 7분이 채 되지 않았다. 놀라움과 함께 온몸에 땀이 흐르며 느낀 쾌감은 지금도 잊을 수 없다. 이 경험 이후로 산책과 계단 오르기는 세트로 나의 새로운 모닝 루틴이 되었다.

운동을 일상으로 만들기 위해 필요한 것은 거창한 목표가 아니다. 중요한 것은 현재의 상태를 인정하고 작은 걸음부터 시작하는 것이다. 나는 무릎을 꿇고 팔굽혀펴기를 시작했으며, 작고 쉬운 목표부터 출발함으로써 꾸준히 나아갈 수 있었다. 또한, 매일 반복할 수 있는 짧은 루틴을 만들고, 운동에 필요한 환경을 미리 준비함으로써 운동을 더 자연스럽게 받아들일 수 있었다. 무엇보다 운동을 의무가 아닌 즐거움으로 여기는 것이 중요했다. 새벽 공원을 걷는 상쾌함과 계단을 오르며 느끼는 성취감은 나에게 큰 동기부여가 되었다. 작은 성공을 하나씩 쌓아가며 자신감을 키우는 과정 또한 운동을 지속할 수 있는 원동력이 되었다.

　운동은 단순히 몸을 단련하는 행위가 아니다. 그것은 나를 변화시키는 시간이고, 또 다른 나 자신과 마주하는 시간이다. 허약했던 몸과 불안정했던 마음이 운동을 통해 조금씩 변화하는 과정을 경험하며 나는 깨달았다. 운동은 하루를 준비하고, 삶을 긍정적으로 만드는 가장 단순하지만 강력한 도구라는 것을. 나처럼 운동을 시작하기 힘들었던 사람도 한 발짝만 내디디면 된다. '한 번 나가 걸어보는 것, 한 계단만 더 올라보는 것' 같은 작은 시작이 결국 큰 변화를 이끌어 낸다.

　이렇게 매일 아침 가벼운 걷기를 시작으로 하루를 계획하고, 작은 성취를 통해 자신감을 얻은 습관은 나의 삶을 더 주도적으로 바꿔놓았다. 운동이 내게 준 가장 큰 선물은 스스로를 믿는 힘이었다. 운동을 통해 나는 내 한계를 뛰어넘을 수 있음을 깨달았고, 그 믿음은 나를 삶의 주체로 만들었다. 이 글을 읽는 여러분도 운동을 일상에 스며들게 하고 싶다면, 지금 당신의 상태를 인정하고 가장 작은 운동부터 시작해 보자. 걷기, 스트레칭, 혹은 단 몇 개의 팔굽혀펴기라도 괜찮다. 작은 시작이 당신의 삶을 완전히 바꿀 출발점이 될 것이다. 왜냐하면 내가 했으니 당신도 충분히 할 수 있기 때문이다.

어려움을 긍정적으로 바라보는 연습

삶은 끊임없이 우리에게 도전과 난관을 제시한다. 예상치 못한 순간에 찾아오는 좌절과 실패는 때때로 모든 것을 무의미하게 만들기도 한다. 하지만 똑같은 상황이라도 그것을 어떻게 바라보느냐에 따라 결과는 완전히 달라진다. 어려움을 부정적으로 받아들인다면 좌절에 머물 수밖에 없지만, 긍정적으로 해석하면 그것이 곧 성장과 변화를 위한 발판이 될 수 있다. 이번에는 어려움을 긍정적으로 바라본 사람들이 어떻게 새로운 가능성을 만들어냈는지, 그리고 그들의 이야기가 우리에게 어떤 교훈을 주는지 살펴보고자 한다.

어려움은 모든 사람에게 동일하게 찾아오지만, 그것을 받아들이는 태도에 따라 결과는 극명히 달라진다. 우리가 매일 접하는 뉴스 속 이야기나 주변 사람들의 사례에서도 이를 쉽게 확인할 수 있다.

어떤 이는 실패를 자신의 한계로 인식해 더 이상 도전하지 않지만, 또 다른 이는 실패를 새로운 도약의 기회로 삼는다. 예를 들어, 내가 한때 즐겨보던 스타크래프트 게임 유튜버가 있다. 전략 게임이기에 한 치 앞도 알 수 없는 상황이 펼쳐지기도 한다. 그리고 본인이 전혀 예상하지 못한 부분에 직면할 수도 있는 것이다. 누가 봐도 상황이 너무 안 좋은 경우 대부분의 사람들은 이를 비극으로 여길 것이다. 하지만 그 유튜버는 처음에 당황은 하지만 이어서 항상 하는 말이 있었다.

"오히려 좋아!"

이 한마디 뒤에 그는 순식간에 위기 속에서 기회를 포착하고 전세를 역전시키곤 했다. 결국, 어려움은 문제 자체가 아니라, 그것을 바라보는 관점에서 시작된다.

헬렌 켈러: 장애를 기회로 바꾼 삶

"하나의 문이 닫힐 때, 또 다른 문이 열린다. 그러나 때때로 우리는 그 닫힌 문을 보면서 너무 오래 기다리며, 또 다른 문이 열려있다는 것을 결코 깨닫지 못한다."

헬렌 켈러의 이야기는 어려움을 긍정적으로 바라보는 태도가 어떻게 한계를 넘어설 수 있는지를 잘 보여준다. 그녀는 시각과 청각을 모두 잃는 극한의 상황에 처했지만, 자신의 장애를 받아들이고 이를 성장의 동력으로 삼았다.

켈러는 단순히 장애를 극복하는 것에 그치지 않았다. 그녀는 자신의 경험을 통해 다른 이들에게 희망과 용기를 전하며, 교육과 평등을 위한 운동에 앞장섰다. 그녀는 세상이 안겨준 한계를 스스로 새롭게 정의하는 삶을 살았으며 결국, 그녀의 태도는 수많은 장애인들에게 가능성의 모델이 되었다.

오프라 윈프리: 고난 속에서 발견한 힘

오프라 윈프리는 어린 시절 가난과 학대, 인종차별이라는 역경을 겪었다. 그녀의 출발점은 그 누구보다 낮았지만, 이를 성장의 자양분으로 삼았다.

그녀는 자신의 경험을 숨기기보다 솔직히 드러내며, 이를 통해 많은 사람들에게 공감을 이끌어냈다. 그녀가 이끄는 토크쇼는 단순한 오락 프로그램이 아니라, 사람들의 삶을 변화시키는 계기가 되었다. 오프라는 자신의 고난을 통해 본인이 가진 모든 것이 부족해 보이더라도, 그 안에서 최선을 다해 길을 찾아야 한다는 메시지를 전해주고 있다.

"저는 미래가 어떻게 전개될지는 모르지만, 누가 그 미래를 결정하는지는 압니다."

스티브 잡스: 실패를 혁신으로

스티브 잡스는 자신이 설립한 애플에서 쫓겨나는 굴욕을 겪기도 했다. 많은 이들이라면 그 상황에서 좌절하고 물러섰겠지만, 잡스는 이를 새로운 도약의 발판으로 삼았다.

그는 새로운 회사를 설립하며 기술과 콘텐츠의 경계를 넓혔고, 결국 애플로 복귀해 세상을 바꾸는 혁신을 이루어냈다. 잡스는 실패가 스스로를 낮추는 것이 아니라, 더 높은 곳으로 도약하게 만드는 발판임을 몸소 보여줬다. 따라서 그의 성공은 어려움을 어떻게 바라보느냐에 따라 결과가 달라질 수 있음을 보여준다.

"내가 계속할 수 있었던 유일한 이유는 내가 하는 일을 사랑했기 때문이라 확신합니다. 여러분도 사랑하는 일을 찾으셔야 합니다. 당신이 사랑하는 사람을 찾아야 하듯 일 또한 마찬가지입니다."

엄홍길 대장: 히말라야에서 배운 긍정의 힘

산악인 엄홍길 대장은 히말라야 16좌를 정복하며 세계적인 기록을 세웠다. 그러나 그 과정은 실패와 죽음의 위험으로 가득 차 있었다. 그는 동료의 죽음을 눈앞에서 지켜봐야 했고, 몇 번이나 생사의 갈림길에 서기도 했다.

"사람들은 히말라야 고봉과 저의 싸움을 보지만 저는 제 자신의 싸움을 봅니다. 제 자신과 싸워 지는 것이 진짜 실패이기 때문입니다."

엄 대장은 이러한 극한의 상황에서도 긍정적인 태도를 잃지 않았고 항상 자신을 다잡으며, 도전을 멈추지 않았다. 그에게 어려움은 단순히 피해야 할 대상이 아니라, 자신의 한계를 시험하고 극복할 기회였던 것이다.

독학관리 학생들: 훈련은 실전이다

나는 독학 관리학원에서 담임으로 대학입시를 준비하는 학생들을 지도하며 항상 강조하던 말이 있다.

"훈련은 실전이다!"

대부분의 학생들은 공부를 열심히만 하면 당연히 시험을 잘 볼 것이고, 좋은 결과를 얻으리라 생각하는 경향이 있다. 과거 수험생 시절의 나도 마찬가지였다. 열심히만 하면 좋은 성과가 자연스럽게 따라올 거라는 단순한 믿음을 가지고 있었다. 하지만 현실은 냉혹했다.

대학입시를 위해 대학수학능력시험을 준비하는 학생들에게 실전 연습을 조언하면 열에 아홉은 이렇게 답하곤 한다.

"아직 준비가 안 되었어요."

"조금 더 공부하고 다음에요."

특히 수능이 한 달도 채 남지 않은 시점에서도, "조금 더 준비한 뒤에 시험을 보겠다"라며 미루는 학생들이 많다. 하지만 이 태도는 시험의 본질을 놓치고 있다는 증거다.

시험은 완벽함을 요구하지 않는다.

수능은 객관식 시험이다. 그 말은 완벽함을 요구하지 않는다는 것이다. 문제와 선지를 100% 완벽하게 이해하고 풀어내는 것이 아니라, 그저 출제자의 의도를 파악하고 5개의 선지 중 하나를 선택하는 시험이다. 오히려 실전에서는 예상치 못한 상황이 발생할 수 있음을 인지하고 대비해야 한다. 예를 들어, 시험 중에 갑자기 배가 아파 화장실을 가야 하거나, 필기구가 고장 나는 돌발 상황이 있을 수 있다. 이러한 상황은 공부만으로 해결되지 않는다. 실전에서도 연습이 필요한 이유가 바로 여기에 있다.

내가 지도한 학생들 중 실전 연습의 중요성을 깊이 이해한 대표적인 사례가 있다. 이 학생은 모의시험을 정말 열심히 치렀지만, 사소한 실수로 인해 항상 원하는 점수를 받지 못하곤 했는데 주로 문제를 잘못 읽거나 마킹 실수를 하는 등의 이유였다. 걱정이 되어 위로를 건넸을 때, 이 학생의 대답은 지금까지도 내게 강렬한 기억으로 남아 있다.

"선생님, 저는 이 시험이 수능이 아니라서 정말 감사해요. 지금 제가 실수하거나 아직 잘 모르는 부분들은 피드백해서 수능 전까지 제 것으로 만들면 되잖아요."

이 말을 들은 순간, 나는 확신했다.

"됐다. 이 학생이라면 반드시 좋은 결과를 얻을 것이다."

결과적으로 그 학생은 자신이 꿈꾸던 경희대학교 호텔경영학과에 당당히 합격했다. 특히 영어 과목에서 항상 부족하던 점수를 극복하고, 수능에서 보란 듯이 100점을 받아 합격증을 들고 너무 기뻐하며 찾아왔던 그 모습을 나는 잊을 수 없다.

위의 사례들은 어려움에 대한 우리의 태도가 얼마나 중요한지를 명확히 보여준다. 어려움을 부정적으로 바라보는 사람들은 좌절과 정체에 머물지만, 긍정적으로 바라보는 사람들은 그 안에서 새로운 가능성을 발견한다.

긍정적인 태도는 단순히 낙관적으로 생각하는 것을 넘어, 행동으로 나아가게 만든다. 어려움을 기회로 여긴 사람들은 실패에서 교훈을 얻고, 역경 속에서도 자신만의 길을 찾아낸다.

어려움은 피할 수 없는 삶의 일부다. 하지만 그것을 어떻게 바라보느냐는 우리의 선택에 달려 있다. 역경은 우리를 쓰러뜨리기도 하지만, 동시에 일어서게 만드는 힘이 되기도 한다. 긍정적으로 어려움을 받아들이고 행동으로 나아간다면, 우리는 그 속에서 성장과 변화를 발견할 수 있다.

삶의 방향은 우리가 처한 상황이 아니라, 그것을 바라보는 우리의 시각에 의해 결정된다. 어려움 속에서도 긍정적으로 나아가는 연습이야말로 더 나은 삶을 위한 시작이다. 어려움은 결코 끝이 아니다. 그것은 새로운 시작을 알리는 작은 상징일 뿐이다.

회복탄력성을 기르는
작은 습관들

삶은 때때로 우리가 감당하기 벅찬 무게로 다가온다. 실패와 좌절, 그로 인한 무기력감은 마치 폭풍처럼 몰아쳐 우리의 모든 에너지를 빼앗아 가기도 한다. 하지만 이런 순간에도 우리가 다시 일어설 수 있는 힘은 어디에 있을까? 심리학에서는 이를 회복탄력성(Resilience)이라고 부른다. 회복탄력성은 단순히 마음의 강인함이 아니라, 역경을 마주했을 때 이를 흡수하고, 오히려 성장으로 나아가는 능력이다. 그리고 이 능력은 타고나는 것이 아니라, 작은 행동과 습관을 통해 길러질 수 있다. 내가 겪었던 공무원 시험 실패의 좌절 속에서, 나를 다시 일으켜 세운 것은 의외로 아주 단순한 두 가지 행동이었다. 그것은 바로 청소와 등산이었다.

혼란스러운 방, 혼란스러운 마음

공무원 시험에서 연거푸 실패한 후, 내 방은 그야말로 혼란 그 자체였다. 책장과 책상 위에는 사용하지 않는 몇 년간의 시험 자료들이 잔뜩 쌓여 있었고, 출력된 자료들과 노트 조각들이 여기저기 널브러져 있었다. 그럼에도 나는 자료들을 가볍게 정리할 뿐 분명 수험을 포기했음에도 모든 책들과 자료들을 버릴 수가 없었다. 나도 모르게 내 마음속에는 '혹시 모르잖아, 다시 준비할 수도 있잖아.'라는 무의식이 자리 잡고 있었기 때문이다.

처음엔 내가 마음만 먹으면 언제든지 다 정리할 수 있을 것이라고, 단순히 버리지만 않고 보관하는 것뿐이라고 생각했다. 하지만 시간이 지나면서 그 공간이 나의 내면 상태를 그대로 반영하고 있다는 것을 깨달았다. 나는 수험생활을 정리했다고 생각했지만, 그건 착각이었다. 어느 순간 내 방에 들어서서 수험 자료들을 볼 때면 지난 실패의 흔적들이 나를 짓누르는 듯한 느낌마저 들었다. 그리고 방 안의 풍경은 나에게 끊임없이 속삭였다.

'넌 이걸 다 해봤지만, 결국 실패했어 루저야.'

혼란스러운 공간은 나를 더 무기력하게 만들었고, 점점 새로운 방향으로 움직이려는 작은 의지조차 빼앗아 갔다. 그렇게 몇 년 동안 수험 서적과 자료들을 줄이고 조금 더 줄이며 방치하다가, 나는 스스로에게 말했다.

"도저히 이렇게는 안 되겠다."

나는 책상 앞에 앉아 가장 위에 있던 책 한 권을 손에 들었다. 《공무원 한국사》책을 훑어보며 그 안에 담긴 메모들을 읽었을 때, 갑자기 이런 생각이 들었다.

'내가 비록 수험에 실패는 했지만, 정말 그 당시만큼은 최선을 다해서 열심히 살았던 흔적이구나.'

그러고서 그 책을 내려놓고, 다시 하나씩 정리하기 시작했다. 처음엔 단순히 책상 위를 정리하는 데 그쳤지만, 그것이 점점 책장으로, 바닥으로, 그리고 방 전체로 확장되었다. 정리를 하며 나는 알 수 없는 묘한 감정을 느꼈다. 책 한 권, 노트 한 권을 치울 때마다 내 마음 속 얽혀 있던 무언가가 풀리는 듯했다. 그렇게 방 한구석을 깨끗이 비워냈을 때, 내 마음도 한결 가벼워지더라.

《청소력》이라는 책에도 이런 내용이 나온다. 쓰레기나 잡동사니 같은 오래된 것이나 불필요한 것은 그 자체가 마이너스 에너지를 발산한다. 따라서 사용하지 않는 물건을 버림으로써 마이너스의 원인을 제거하고, 마이너스를 불러들이는 자장에 제동을 거는 것이다. 한마디로 쓸데없는 것들을 계속 보유하고 있으면 가지고 있는 것 자체만으로도 부정 에너지를 가지고 있다는 것이다. 버린다는 행위만으로도 새로운 자신이 되기 위해 불필요한 요소를 줄여나간다고 설명하고 있다.

나는 참 버리는 것이 잘 안 되던 사람이다. 항상 '가지고 있으면 언젠가는 사용하지 않을까'라는 마음에 나도 모르게 계속 쌓아두고만

있던 것이다. 그런데 돌이켜보면 그렇게 쌓아두어도 정작 필요할 때
는 기억조차 나지 않아 물건들을 다시 사고는 하더라. 그래서 이번
기회에는 내면에게 물어보았다. 정말로 필요한 물건인가? 그리고 조
금이라도 마음이 망설여졌다면 과감하게 쓰레기통으로 보내버렸다.

청소를 끝낸 방 안은 완전히 새로운 공간처럼 느껴졌다. 그제야 청
소를 하며 열어두었던 창문을 통해 신선한 바람을 느끼는 여유가 생
겼다. 그러면서 자연스레 방 안 가득 남아 있던 답답함이 사라지는
듯했다. 나는 청소가 단순히 물리적인 공간을 치우는 일이 아니라,
내 마음을 정돈하는 강력한 도구라는 것을 그제야 깨달았다.

어릴 적, 천식으로 고생했던 나는 등산이 극기훈련과도 같았다. 부
모님께 이끌려 산에 오를 때마다 숨이 차오르고, 기침이 터지면 중간
에서 멈춰 서서 결국 정상까지 가지 못한 적도 많았다. 그런 기억들
때문에 나는 성인이 되어서도 산을 자연스레 멀리하게 되었다.

하지만 몇 해 전, 우연히 친척들과 함께 산을 다시 오르게 된 일이
있었다. 처음엔 그저 운동 삼아 근처의 작은 산을 올랐다. 숨이 차긴
했지만, 정상에 도착했을 때의 상쾌함과 성취감은 오래도록 잊을 수
없는 감정이었다. 누군가에게는 동네 뒷산을 오르는 것이 별것 아닐
지 몰라도 나에게는 큰 동기를 주었다. 이후 나는 점점 산이 좋아지
기 시작했다. 성인이 되면서 확실히 과거보다는 기초 체력이 늘고, 천
식이 약해지니 더 높은 산에 도전하고 싶다는 생각이 들었고, 마침내
한라산 정상에 오르고 싶다는 목표를 세웠다.

한라산 등반을 위해 나는 체력을 기르기 시작했다. 등산화를 사고, 틈틈이 주말마다 주변 산들을 꾸준히 오르며 연습했다. 드디어 제주도로 떠나 한라산에 도전한 날, 나는 아침 일찍부터 정상까지 올라가겠다는 의지를 다졌다. 산길은 생각보다 무난했지만, 여타 다른 산들과는 다르게 우거진 자연 속에서 한 걸음 한 걸음 내디딜 때마다 내 마음속 무언가가 조금씩 변하는 것을 느꼈다.

드디어 정상에 도착해 백록담을 내려다보는 순간, 그동안 느끼지 못했던 감정이 몰려왔다.

'아, 나도 해낼 수 있구나!'

한라산 등반은 내겐 그저 단순한 여행이 아니었다. 그것은 나 자신의 한계를 시험하고, 이를 극복하는 과정이었다. 무엇보다도 나는 그 산행에서 배웠다. 인생의 고비도 산을 오르는 것처럼, 우여곡절이 있지만 한 걸음씩 내딛다 보면 결국 정상에 도달할 수 있다는 것을. 나의 지난 인생을 자연스레 돌아보면서 무언가 모를 벅찬 감정이 올라왔다. 이 깨달음으로 나는 이후 매년 한라산을 오르며 지난 삶을 성찰하기도 하고 또 다른 삶을 위한 내면을 비워내고 있다.

청소와 등산은 나에게 단순한 행동 이상의 의미였다. 청소는 내게 과거의 실패를 직시하고, 그것을 정리하며 다시 시작할 용기를 주었다. 등산은 나에게 도전의 즐거움과 성취감을 가르쳐 주었다. 어떻게 보면 두 가지 모두 정말 사소한 것들일 수 있지만, 내가 회복탄력성을 기르는 데 결정적인 역할을 했다.

심리학 연구에 따르면, 작은 실천과 목표는 우리의 마음을 치유하고 회복탄력성을 강화하는 데 효과적이다. 청소는 질서를 되찾는 과정에서 안정감을 제공하고, 등산은 자연과의 교감을 통해 마음을 치유하며 성취감을 준다. 또한 신체 활동은 정신 건강에 긍정적인 영향을 미치는데, 특히, 청소와 등산 같은 일상적인 신체 활동은 우울감이나 무기력함을 해소하는 데 도움이 된다.

삶의 무게가 당신을 짓누르고 있다면, 지금 당신 주변의 작은 것부터 정리해 보길 권한다. 책상 위 작은 물건을 치우거나, 집 근처의 산에 오르거나 혹은 주변 공원에서라도 한 걸음씩 내디뎌 보라. 그 작은 행동들이 당신의 마음을 정돈하고, 새로 시작할 에너지를 만들어줄 것이다.

청소와 등산은 내게 "다시 시작할 수 있다"라는 메시지를 주었다. 당신도 지금, 그 작은 실천을 통해 삶의 회복력을 길러보지 않겠는가? 오늘의 작은 걸음이 당신을 더 강하고 단단한 사람으로 만들어줄 것이다. 아무것도 하지 않으면 아무 일도 일어나지 않는다. 지금당장 움직이자.

꾸준함을 지속하는
구체적인 방법

자기계발의 여정은 마라톤과 같다. 단거리 경주처럼 빠른 성과를 기대하기보다는 꾸준한 지속력이 결국 큰 변화를 만들어낸다는 것은 부정할 수 없는 사실이다. 하지만 현대인의 바쁜 일상 속에서 꾸준함을 유지하는 것은 결코 쉬운 일이 아니다. 그렇다면 어떻게 해야 지속적으로 목표를 향해 나아갈 수 있을까? 내가 그동안 수많은 시행착오를 겪어오면서도 지금까지 꾸준함을 지속할 수 있는 구체적이고 실질적인 방법들을 소개하고자 한다.

꾸준함의 첫걸음은 무엇보다도 명확한 목표 설정이다. 목표가 분명해야 그 방향으로 나아갈 수 있는 동기부여가 생긴다. 예를 들어, 마라톤을 준비한다고 하면 단순히 "마라톤 전까지 꾸준히 달리기"로 목표를 설정하는 것이 아니다. "매일 30분씩 러닝하기" 또는 "공원 1

바퀴, 2Km 러닝하기"처럼 구체적이고 측정 가능한 목표를 세우는 것이 중요하다. 장기적인 목표와 함께 단기적인 목표를 설정하면, 큰 그림을 유지하면서도 매일 작은 성취를 통해 자신감을 키울 수 있다.

나침반의 방향이 1도만 달라져도 시간이 지날수록 전혀 다른 목적지를 가리키게 된다. 그렇게 되면 목표를 달성할 수 없음을 인지하고 중도에 포기하게 되는 경우가 많다. 따라서 목표를 세울 때는 본인의 역량을 반드시 확인한 후 아주 작은 것부터 시도해야 한다. 대개는 본인의 폐활량이나 평소 운동량을 고려하지 않고 "30분 정도는 뛰어줘야겠다"라는 안일한 생각으로 시작하는 경우가 많지만, 이는 크나큰 오산이다.

가장 좋은 방법은 일단 시도를 해본 후 본인의 상황을 인정하고 방향성을 계속 조정하는 것이다. 나는 처음부터 푸시업을 정자세로 할 수 없음을 인정하고, 무릎을 꿇고 5개부터 시작해서 지금은 정자세로도 무리 없이 진행하고 있다. 이렇게 작은 단계부터 시작하면, 점차 자신의 능력을 키워나가며 목표에 도달할 수 있다.

꾸준한 목표 설정은 마치 나침반과 같다. 정확한 방향을 제시해주며, 올바른 길을 걷는 데에 필요한 지침을 제공한다. 작은 목표를 달성하며 자신감을 쌓아가는 과정에서, 우리는 더 큰 목표를 향해 나아갈 수 있는 힘을 얻게 된다. 무엇보다도, 자신의 한계를 인정하고 그에 맞는 목표를 설정하는 것이 꾸준함을 유지하는 데 있어 가장 중요한 비결임을 명심하기 바란다.

지속성을 유지하기 위해서는 일관된 일과를 정립하는 것이 필수적이다. 매일 같은 시간에 특정 활동을 하는 습관은 자동적으로 행동을 유도하며, 의지력의 에너지 소모를 줄여준다. 나는 매일 아침 기상과 동시에 진행하는 작은 습관들이 있다. 먼저 알람을 끄고 침대에 걸터앉아 눈을 감은 채로 호흡을 한다. 그리고 거울을 보며 셀프 하이파이브로 오늘의 나를 응원하고 세면으로 하루를 시작한다. 매일 반복하다 보니 이제는 자연스럽게 그 활동들이 일상의 일부가 되었다.

하지만 처음부터 큰 변화를 시도하면 부담감 때문에 쉽게 포기할 수 있다. 예를 들어, 나는 명상을 시작할 때 단 5분이라도 익숙하지 않아서 어색하거나 부담스러웠다. 그래서 시도해 본 것이 바로 호흡 명상이다. '5초 동안 숨을 들이마시고, 5초 동안 내쉬는 것'이다. 이것이 무슨 명상인지 의아할 수도 있지만, 차분히 호흡을 가다듬고 자신의 호흡을 알아차리는 것 역시 호흡 명상의 한 종류라 할 수 있다.

그러니 아주 작은 실천부터 시작해 보자. 이러한 작은 성공들이 쌓이면 점차 더 큰 목표로 나아갈 수 있는 자신감을 얻게 된다. 작은 습관을 통해 자동화된 루틴을 구축함으로써, 꾸준함을 자연스럽게 유지할 수 있다.

진행 상황을 기록하는 것은 꾸준함을 유지하는 데 큰 도움이 된다. 일지나 다이어리를 통해 자신의 노력을 기록하면, 현재까지의 성과를 시각적으로 확인할 수 있으며, 이는 동기부여를 지속시키는 데 중요한 역할을 한다. 또한, 체크리스트를 만들어 매일 완료한 일을 점검하는 것도 성취감을 높이는 좋은 방법 중 하나이다.

나는 매일의 상황을 기록하고 있다. 취침 시간과 기상 시간을 기록하고, 러닝을 했다면 구체적인 거리와 시간을 적어보며 매일 반복되는 것 같으면서도 조금씩 다름을 알아차리고 있다. 적는 것이 부담이라면 요즘에는 기록을 체크하고 달성량을 관리해 주는 어플들이 많이 나와 있어서 이를 활용해 보기를 추천한다.

목표를 달성하기 위해서는 적합한 환경을 조성하는 것이 필요하다. 집중할 수 있는 공간을 마련하거나, 유혹 요소를 최소화하는 등의 환경 조성은 꾸준함을 유지하는 데 큰 도움이 된다. 또한, 운동 같은 습관을 형성할 때는 혼자 하기보다는 챌린지를 활용하는 것이 효과적이다. 주변 사람들과 지원 체계를 구축하여 함께 목표를 향해 나아갈 수 있도록 하는 것도 중요한 요소라고 생각한다. 그래서 나는 기상 시간 챌린지를 직접 운영하고 있으며, 운동은 지인이 운영하는 챌린지를 활용하고 있다. 함께하는 챌린저들과 서로의 목표를 공유하고 격려하며, 함께 노력하는 환경을 만드는 것이 꾸준함을 유지하는 데 큰 도움이 되고 있다.

꾸준함을 유지하기 위해서는 자신의 "왜"를 분명히 하는 것이 필요하다. 목표를 향한 이유를 명확히 알고 있을 때, 어려운 순간에도 그 이유를 떠올리며 지속할 수 있다. 예를 들어, 단순히 '바디 프로필 찍기'라는 목표 뒤에는 운동을 열심히 하여 완성된 모습을 사진으로 남기고 싶다는 개인적인 이유가 있을 수 있다. 이러한 본인만의 구체적인 이유를 명확히 함으로써, 목표 달성 과정에서 마주하는 어려움이나 유혹에도 흔들리지 않고 꾸준히 나아갈 수 있다.

또한, 동기부여를 유지하기 위한 다양한 방법을 활용하는 것이 효과적이다. 예를 들어, 영감을 주는 책을 읽거나, 동기부여가 되는 강연을 듣는 것은 지속적인 원동력을 제공한다. 나는 매일 아침 기상 후에 동기부여가 되는 명언집을 1쪽씩 읽는 습관을 들였다. 이러한 작은 실천은 하루를 시작할 때 긍정적인 에너지를 불어넣어 주며, 목표를 향한 의지를 강화한다.

더불어, 비주얼 자료를 활용하는 것도 좋은 방법이다. 포스터나 비전 보드를 만들어 눈에 잘 띄는 곳에 배치하면, 일상 속에서 지속적으로 목표를 상기시킬 수 있다. 나는 방 한 켠에 나의 인생 목표와 관련된 이미지를 모아 비전 보드를 만들었는데, 이를 통해 하루에도 여러 번 확인하면서 언제나 목표를 상기하고 있다.

결론적으로, 자신의 "왜"를 분명히 하고 이를 지속적으로 상기하는 것은 꾸준함을 유지하는 데 필수적이다. 다양한 방법을 통해 동기부여를 유지하고, 시각적인 자료를 활용하여 목표를 항상 마음에 새긴다면, 어떤 어려움이 닥쳐도 포기하지 않고 목표를 향해 나아갈 수 있을 것이다. 자신의 이유를 잊지 않고 꾸준히 실천해 나가는 것이 결국 큰 성과로 이어지는 길임을 명심하자.

마지막으로 자기 자신에게 친절한 태도가 필요하다. 매일매일의 성과에 대해 완벽을 추구하기보다는 진행 과정에 집중하고, 작은 실수나 실패에 대해 자신을 너무 몰아세우지 않는 것이 중요하다. 단 1가지, 아니 단 5분 만이라도 어제의 나보다 실천했다면 자기 자신을 인정하고 격려하라. 그런 태도는 스스로에 대한 믿음을 강화해 더욱 지속적인 노력을 가능하게 한다.

많은 사람들이 이미 알고 있는 방법들일지 모르지만, 실제로 이를 실천하고 꾸준히 유지하는 것은 또 다른 이야기이다. 나는 처음부터 너무 이상적인 목표를 세워버려서, 결국 지속하지 못하고 나 스스로를 탓하기만 했던 경험이 있다. 그렇기 때문에 단순히 방법을 아는 것만으로는 충분하지 않다는 것을 깨달았다. 중요한 것은 그 방법들이 아니라 현재의 나를 받아들이고, 그런 나에게 맞는 아주 작은 단계부터 실행해 나가는 것이다.

꾸준함은 단순히 반복하는 행위가 아니라, 목표를 향한 지속적인 의지와 전략적인 접근이 결합된 결과이다. 처음에는 작고 사소한 실천일지라도, 그것들이 쌓여 우리의 삶을 변화시키는 강력한 원동력이 된다. 여러분도 오늘부터 작은 습관을 시작해 보자. 그리고 그 작은 실천들이 모여 어떤 놀라운 변화를 만들어낼지 기대해 보자. 꾸준함을 통해 목표를 이루는 그날까지, 자신을 믿고 한 걸음씩 나아가길 바란다.

마음이 흔들릴 때,
다시 일어서는 힘

삶을 살다 보면 도저히 혼자 힘으로 감당하기 어려운 순간들이 찾아온다. 나 자신에게 실망하거나, 실패와 좌절의 무게에 짓눌릴 때, 우리는 흔히 스스로를 가장 큰 비판자로 삼는다. '왜 나는 이것밖에 안 되는 걸까?', '다른 사람들은 다 잘 해내는데 왜 나만 힘든 걸까?' 이런 생각이 우리를 더 깊은 늪으로 빠뜨린다는 것을 자각하지 못한 채 말이다. 나 역시도 마찬가지였다. 지금 생각해 보면 나 스스로를 몰아붙이는 것이야말로 제일 쉬운 회피 방법이었다.

하지만, 그럴 때 가장 필요한 것은 무엇일까? 바로 스스로에게 건네는 작은 위로이다. 타인에게 친절한 우리가 정작 자신에게는 왜 그렇게 인색한지 생각해 보자. 나 자신에게도 따뜻한 말 한마디를 건네고, 숨을 고르며 마음을 다스리는 시간을 가지는 것. 이것이 내 삶에서 긍정적 변화를 시작한 첫 계기였다.

매일 수험생들과 함께하며, 그들이 겪는 스트레스와 불안을 가까이에서 보고 느낄 수 있었는데, 그중 항상 모의고사를 치르고 학생들이 나에게 찾아와서 하는 말이 있다.

"선생님, 이번 모의고사도 망쳤어요. 하…, 정말 저는 왜 이럴까요? 다른 친구들은 정말 열심히 하는 것 같은데, 저는 열심히 한다고 생각하지도 않아요. 진짜 어떡하죠?"

이런 고민을 털어놓는 학생에게 내가 항상 묻는 질문이 있다. "만약, 지금 너의 상황을 똑같이 어린 동생이나 후배들이 겪고 있다면 어떻게 말해줄 것 같아?" 그렇게 물으면 대부분의 학생들이 "다독여주고, 괜찮다고 말할 것 같아요. 다시 하면 된다고 용기를 줄 것 같아요."라고 대답한다. 바로 그것이다! 우리는 타인에게는 쉽게 위로와 격려를 건네지 않는가. 그러나 정작 자신에게는 그 따뜻함을 건네지 못하는 것이 현실이다. 이 질문을 통해 나는 학생들에게 한 가지를 강조한다. "타인에게 하듯 자신에게도 따뜻한 위로를 건네라"라는 것이다. 나 역시 이 방식을 실천하며 스스로를 조금씩 다독이기 시작했고, 그렇게 내가 나 자신을 편한 친구처럼 대하기 시작했다.

"오늘 하루도 무사히 넘겼다."라는 기록의 힘을 느껴보자. 삶이 고단하고 무력하게 느껴질 때, 우연히 시작했던 작은 실천이 있다. 바로

'나에게 일어난 멋진 일들'을 기록하는 것이다. 베스트셀러로 유명한 《타이탄의 도구들》에 소개된 아이디어를 접하고, 매일 저녁 잠들기 전 오늘 하루를 돌아보며 기분 좋았던 일을 하나씩 적기 시작했다. 처음에는 "오늘 점심 도시락이 맛있었다.", "출근길에 날씨가 좋았다." 와 같은 아주 사소한 것들이다. 솔직히 별거 아니라고 느껴질지 모르지만, 기록을 쌓아가는 과정에서 하루를 마무리하며 느끼는 감정이 크게 달라진다. 이는 긍정적인 경험이 우리의 뇌에 강력한 영향을 미치고, 삶에 대한 관점을 변화시킨다는 과학적 근거를 보여준다. 기록했던 작은 순간들이 점점 쌓이자, 삶을 바라보는 나의 태도도 변화하기 시작했다. 어려운 하루를 보낸 날에도 "오늘 진짜 힘들었다. 그럼에도 끝까지 해냈어."라는 생각을 통해 아주 사소한 것이라도 긍정적인 면을 찾을 수 있었다.

일상에서 작은 위로를 찾기 위해 내가 두 번째로 시작한 실천은 명상이었다. 처음에는 앉아서 눈을 감는 행위조차 어색했고, 1분조차 집중하기 어려웠다. 하지만 '마음챙김'이라는 개념을 배우며 조금씩 익숙해지기 시작했다. 마음챙김 명상은 과거의 후회와 미래의 불안을 내려놓고, 지금 이 순간에 집중하는 연습이다. 명상을 하며 천천히 심호흡을 집중하다 보니 어느샌가 나도 모르게 스스로 이렇게 말하고 있더라.

'괜찮아. 지금은 그냥 쉬어도 돼.'

실제로 하버드 의대의 연구에 따르면, 매일 15분간의 명상은 스트레스를 완화하고, 뇌의 구조적 변화를 일으켜 감정 조절 능력과 집중력을 강화한다고 한다. 나도 이러한 효과를 직접 경험하다 보니 명상을 통해 불안정했던 마음은 조금씩 안정되었고, 그 잠시가 나를 다시 회복시키는 중요한 시간으로 자리 잡게 되었다.

우리가 스스로에게 작은 위로를 건넬 때, 그것은 단순한 자기 위안이 아니라 우리의 삶을 다시 움직이게 하는 시작점이 된다. 내가 경험한 이러한 방법들은 단순히 하루를 버티는 것이 아니라, 삶의 무게를 견딜 수 있는 힘을 만들어 주었다. 중요한 것은 스스로를 비난하거나 몰아붙이기보다, 자신에게 따뜻한 친구가 되어주는 것이다. 삶은 결코 혼자 싸워야 하는 전쟁이 아니기에 스스로를 돌볼 때, 우리는 더 나은 내일로 나아갈 수 있는 힘을 얻게 된다는 것을 잊지 않았으면 한다.

오늘 하루가 끝날 때, 스스로에게 한 가지라도 나에게 일어난 멋진 일을 찾아 적어보자. 그 작은 메모가 쌓이다 보면 나와, 그리고 여러분의 내일을 조금 더 따뜻하게 만들어 줄 것을 확신한다. 오늘, 자신에게 한 마디 따뜻한 말부터 건네보는 것이 어떨까.

"괜찮아, 지금 이 정도면 충분히 잘하고 있어."

수험생활은 체력과 정신력을 한계까지 몰아붙인다. 나 역시 오랜 시간 동안 수험에 매달리며 몸과 마음이 모두 지쳐갔다. 어느 순간부터 스트레스가 극에 달해, 마음속에서 무언가가 폭발할 것 같은 감정을 느끼곤 했다. 그 감정을 알아차리자 스스로가 두려워졌다. 정신력이 약해지고 있다는 사실이 내 자존심을 흔들었고, 이를 어떻게 다뤄야 할지 몰라 막막했다.

이러한 증상은 간혹 사람들이 많은 지하철에서도 나타났고, 심지어 혼잡하지 않은 거리에서도 갑작스레 불안감이 엄습하곤 했다. 이렇게 몸과 마음이 무너져가는 것을 보며, 나는 나 자신이 너무 안쓰럽기까지 했다. 이런 상황에서 내가 선택한 것은 여행을 떠나는 일이었다. 공황 증세와 함께 찾아온 우울감 속에서 나는 스스로를 추스르기 위해 국내 여행을 시작했다. 주로 오랫동안 만나지 못했던 지인들이 있는 지역들을 찾아갔다. 낯선 곳이지만 반겨주는 사람들이 있다는 것만으로도 큰 위안이 되었다.

지인들은 오랜만인 나를 보며 "많이 야위었다"라며 안타까워했고, 하나라도 더 챙겨주려 애썼다. 그들의 따뜻한 환대와 관심은 지친 나를 서서히 치유했다. 그렇게 오랜만에 사람들과의 따뜻한 교감 속에서 점차 회복할 힘을 얻고 있었다.

이 시기에 읽게 된 연세대 김주환 교수의 《회복탄력성》은 나에게 또 다른 깨달음을 주었다. 책에 소개된 하와이 카우아이섬의 연구는 한 사람의 무조건적인 지지가 삶에 얼마나 중요한 영향을 미치는지를 보여준다.

1950년대부터 이들이 18세가 될 때까지 카우아이섬 아이들을 추적한 연구에 따르면, 열악한 환경 속에서도 성공적으로 성장한 아이들에게는 공통점이 있었다. 바로 그들을 끝까지 믿고 응원해 준 단한 명의 존재가 있었다는 것이다. 이 연구는 833명의 신생아 중 201명이 열악한 환경에서 자랐음에도 불구하고, 그중 72명(약 36%)이 출생과 환경의 영향을 받지 않고 훌륭하게 성장한 것을 발견했다.

에미 워너 교수는 이 현상의 원인을 분석하며, "무조건적인 지지와 사랑이 개인의 회복탄력성을 크게 향상시킨다"라고 밝혔다. 특히, 멘토, 가족, 친구 등 한 명의 신뢰할 수 있는 인물이 지속적으로 긍정적인 영향을 미쳤다는 사실이 주목할 만했다.

이 연구는 나에게도 깊은 울림을 주었다. 돌아보면 지치고 흔들릴 때마다 끝까지 나를 지지해 준 가족과 지인들이 있었다. 특히 할머니는 어린 시절부터 항상 나를 보살피며 든든한 지원군이 되어주셨다. 지금도 아침마다 내 손을 잡으며 "박병학이 성공, 오늘도 성공!"이라며 아낌없는 응원과 격려를 해주신다. 할머니의 한결같은 사랑은 카우아이섬의 연구처럼 나에게 다시 일어설 힘을 주었다.

시련을 행운으로 바꾸는 마음 근력의 힘. 회복탄력성의 핵심은 단순하다. 한 사람의 무조건적인 지지와 따뜻한 말 한마디가 우리의 삶을 견디게 하고 변화시킨다. 나 역시 주변 사람들의 격려 속에서, 그리고 할머니의 사랑 덕분에 매 순간 다시 일어설 수 있었다.

카우아이섬 종단 연구 외에도, 스탠퍼드 대학교의 '성장하는 아이들' 연구는 유사한 결과를 보여준다. 이 연구에서는 어려운 환경에서 자란 아이들이 긍정적인 성인 멘토를 만났을 때, 학업 성취도와 정서적 안정성이 크게 향상된다는 것을 발견했다. 이는 에미 워너 교수의 연구와 일맥상통하는 결과로, 인간관계의 중요성을 다시 한번 확인시 켜 준다.

　다시 일어서는 힘은 내 주변과 나 자신에게 있다. 삶에서 실패와 시련은 피할 수 없는 과정이다. 하지만 중요한 것은 그 속에서 다시 일어서는 힘을 찾는 것이다. 혹시라도 주변에 아무도 자신을 믿고 지 지해 주는 사람들이 없다고 낙담할 필요는 없다. 스스로가 자신을 믿고 사랑할 수 있다는 깨달음이 그 힘의 원천이기 때문이다. 그러 니 지금 충분히 잘 살아내고 있는 자신을 응원하라. 그리고 이 책을 쓰는 내가, 당신을 진심으로 응원하는 지원자가 되어 주겠다. 당신의 찬란한 앞날을 진심으로 기원한다.

감정은 '계속 머무는 것'이 아니라

'지나가는 것'이라는 사실을 기억할 필요가 있다.

화와 짜증이 몰려올 때, 조금만 더 참고 살펴보면

감정의 파도는 서서히 잦아든다.

그 짧은 시간을 참지 못하면 파도는 거센 힘으로 튀어나오고,

결국 뒷수습은 나와 상대방 모두의 몫이 된다.

그러나 "파도는 지나간다"라는 단순한 사실만 기억해도,

감정이 최고조에 달했을 때 잠깐 멈추는 연습을 하게 되고,

그 빈도가 늘어날수록 더욱 평온한 마음으로

대인관계를 이어갈 수 있다.

3부

감정의 주인이
되는 법

감정을 이해하고
스스로 조절하는 방법

감정은 우리의 삶을 물들이는 보이지 않는 힘이다. 특정 사건, 사람, 또는 상황에 대해 느끼는 심리적, 신체적 반응을 의미한다. 흔히 느끼는 기쁨, 슬픔, 분노, 두려움과 같은 감정은 우리의 행동을 이끄는 동기이자, 삶을 살아가는 데 필요한 신호로 작용한다. 감정을 이해하고 스스로 조절하는 방법은 인간 경험의 핵심이다.

심리학적으로 감정은 자극에 대한 인지적 평가, 신체적 반응, 그리고 행동적 표현이 결합된 상태를 말한다. 예를 들어, 누군가로부터 칭찬을 받을 때 우리는 그 상황을 긍정적으로 평가하며, 뇌에서는 행복을 느끼게 하는 호르몬인 도파민을 분비한다. 동시에 우리는 미소를 짓거나 감사의 말을 표현하는 행동을 통해 이 감정을 나타낸다. 감정은 단순히 기분과는 다르다. 기분은 전반적인 정서 상태로 비교적 오래 지속되는 반면, 감정은 특정 사건에 반응하여 빠르게 발생하고 비교적 짧은 시간 동안 지속된다.

감정은 주로 뇌의 편도체와 전전두엽의 상호작용을 통해 형성된다. 편도체는 감정의 본능적 처리 센터로, 특히 두려움과 같은 강렬한 감정을 빠르게 인식하고 반응하도록 돕는다. 예를 들어, 위협적인 상황에서 편도체는 "도망가라"라는 신호를 보내며, 이는 심장 박동을 빠르게 하고 근육을 긴장시키는 등 신체적 반응을 유발한다.

반면 전전두엽은 감정을 분석하고 조절하는 역할을 하며, 편도체가 유발한 감정을 억제하거나 강화하고 상황에 맞는 행동을 결정한다. 예를 들어, 화가 났을 때 전전두엽은 "이 상황에서 화를 내는 것이 적절한가?"를 판단한다. 인간의 뇌에서 이 두 부분의 균형이 결국 감정의 조화를 이끈다. 하지만 때로는 편도체가 지나치게 활성화되어 감정적으로 과잉 반응하거나 폭발적인 상태가 되기도 한다. 따라서 우리는 편도체를 안정화시키고 전전두엽을 활성화시킬 필요가 있다.

감정을 이해하지 못하면 우리는 종종 그것에 휘둘리게 된다. 억누른 분노는 건강 문제를 초래할 수 있고, 통제되지 않은 두려움은 삶의 가능성을 제한한다. 감정은 우리의 생각과 행동을 지배하지만, 그것을 잘 이해하고 다스릴 때 비로소 우리의 삶에 긍정적인 방향을 제시한다. 감정은 자연스러운 인간의 반응이자 삶의 일부로, 억누르거나 회피하기보다 있는 그대로 바라보고 받아들이며 조화를 이루는 것이 중요하다. 우리의 감정은 날씨처럼 변화무쌍하지만, 날씨를 이해하고 대비하는 법을 배우듯 감정을 이해하는 것이야말로 더 나은 삶의 시작이다.

감정은 우리의 삶에 깊숙이 자리 잡고 있지만, 정작 우리는 감정을 제대로 이해하지 못할 때가 많다. 감정은 예고 없이 찾아오는 손님과도 같아, 어떤 모습을 하느냐에 따라 행복과 기쁨으로 환영받기도 하지만, 슬픔과 분노를 초래하는 불청객으로 여겨지기도 한다. 그러나 모든 감정은 옳고 그름이 있는 것이 아니라 그저 우리에게 무언가를 알려주려는 신호일 뿐이다. 그것을 이해하고 조절할 수만 있다면 감정은 우리의 삶에 강력한 무기가 될 수 있다. 심리학에서는 감정을 특정 자극에 대한 심리적, 신체적 반응으로 정의하며, 기쁨은 만족과 평화를, 슬픔은 상실을, 분노는 부당함에 저항하라는 신호를 보낸다고 한다. 하지만 보통 우리는 이런 감정의 목적을 알지 못한 채 순간적으로 휩쓸리거나 억누르기만 한다.

감정을 조절하기 위해 가장 먼저 해야 할 일은 내 감정을 정확히 알아차리는 것이다. 많은 사람들은 자신의 감정을 느끼면서도 그것이 무엇인지 명확히 알지 못한다. 하루 동안 화가 나거나 불안한 일이 있었지만, 왜 그런 감정을 느꼈는지 돌아보지 않은 채 하루를 마무리하는 경우가 많다.

나는 한때 바쁜 일상 속에서 감정을 억누르며 살았다. 그러나 그런 습관은 내 안에 쌓인 감정들을 더 큰 스트레스로 만들었다. 그러던 어느 날, 한 친구가 물었다.

"지금 너의 감정을 단어로 표현한다면 뭐라고 할래?"

그 질문에 바로 답하지 못하고 머뭇거렸던 나는 비로소 내 감정을 찬찬히 들여다보았다. 화가 난 줄만 알았던 내 감정 속에는 두려움, 실망, 서운함 같은 다양한 감정들이 섞여 있음을 알아차리게 되었다.

심리학 연구에 따르면, 자신의 감정을 명확히 이름 붙이는 행위만으로도 뇌의 편도체 반응을 줄이고 전전두엽의 이성적 판단을 활성화할 수 있다고 한다. 예를 들어 "나는 지금 불안하다"라고 말하면, 그 불안은 점차 객관적으로 보이기 시작하고 통제 가능한 상태가 된다. 비 오는 날씨를 맹렬히 비난해도 당장 하늘이 맑아지는 일은 없다. 감정도 이와 비슷하다. 억지로 꾹꾹 눌러 참으려 하면 할수록, 언젠가는 그 에너지가 더 큰 폭발로 되돌아오기 쉽다. 차라리 "아, 지금은 내 감정의 날씨가 비를 뿌리고 있구나. 언젠가 맑아지겠지" 하는 태도로 있는 그대로 받아들이는 편이 훨씬 낫다.

실제로 감정도 날씨처럼 끊임없이 변화한다. 아침까지 해가 쨍쨍하더니 갑자기 먹구름이 몰려올 수도 있고, 한바탕 퍼붓던 비가 어느새 거짓말처럼 개일 수도 있다. 억누르고 부정하는 대신, "지금은 내가 우울함(혹은 화, 초조함)의 빗속에 잠시 젖어 있구나" 하고 인정해 주면 그 감정이 예상외로 빨리 흘러가기도 한다. 이처럼

'날씨를 대하듯 감정을 수용'하는 태도를 길러두면, 내적 폭풍우가 지나갈 때까지 마음의 우산을 펴고 잠깐 대기할 수 있다. 그리고 결국 비가 그치고 구름이 걷히는 순간, 몸도 마음도 좀 더 가벼운 상태로 다시 일상을 이어갈 수 있다. 억눌린 감정보다는 인정받은 감정이 훨씬 빠르게 소멸하거나 변형되기 때문이다.

결국, 감정이라는 날씨에 맞서 싸우기보다 함께 흐르고 지나가도록 두는 편이 서로에게 이롭다. 하늘이 스스로 맑음을 회복하듯, 우리의 감정도 자연스러운 흐름 안에서 결국은 제자리로 돌아오기 마련이다. 그 과정을 믿고 스스로에게 여유를 허락해 보자. 어느 순간 불안과 우울의 비구름 너머로 생각보다 빨리 햇살이 비치기 시작할 것이다.

많은 사람들이 맑고 화창한 날씨를 좋은 날로, 흐리거나 비 오는 날을 나쁜 날로 생각하는 경우가 많다. 하지만 흐린 날씨에는 고요함이, 비 오는 날에는 치유가, 폭풍우에는 성찰과 성장의 기회가 있다. 감정도 마찬가지다. 슬픔과 분노는 우리를 더 단단하게 만들고, 기쁨과 평안은 우리에게 휴식을 준다. 중요한 것은 감정 그 자체를 평가하지 않고, 그 모든 감정을 우리의 삶에 필요한 일부로 받아들이는 것이다. 감정은 단순히 우리를 괴롭히는 것이 아니라, 우리에게 중요한 메시지를 전하려는 존재라고 받아들여보자.

지금 이 순간, 당신의 마음속 날씨는 어떤가? 화창한 햇살인가,

흐림인가, 아니면 소나기인가? 어떤 날씨이든 그 자체로 괜찮다. 정말 괜찮다. 중요한 것은 그 감정을 이해하고, 그 속에 담긴 메시지를 받아들이는 것이다. 감정은 단순히 느끼는 것이 아니라, 삶을 살아가는 힘이 될 수 있다. 감정을 알아차리고 수용하는 연습이 필요하다. 그것이 바로 당신을 감정의 주인으로 만들어 줄 디딤돌이 될 것이다.

우울과 불안에 대처하는 감정 관리 연습

현대 사회는 AI 산업의 발전과 함께 그 어느 때보다 빠르게 변화하고 있다. 이러한 변화 속에서 우리는 지속적인 스트레스와 압박을 경험하고 있으며, 그로 인한 우울증과 불안은 점점 더 많은 사람들에게 영향을 미치고 있다. 취업난, 경제적 불안정, 사회적 고립감 등 다양한 요인들이 우리의 정신 건강을 위협하고 있다. 세계보건기구(WHO)에 따르면, 전 세계적으로 약 2억 8천만 명이 우울증을 앓고 있으며, 약 3억 명이 불안장애를 겪고 있다고 한다. 특히, 한국에서는 2022년 우울증 환자가 100만 명을 돌파했으며, 이는 2018년 대비 33% 증가한 수치로, 많은 사람들이 우울증과 불안장애를 경험하고 있음을 보여준다. 이와 같은 정신 건강 문제는 우리의 삶의 질을 심각하게 저하시킬 수 있으며, 이를 해결하기 위한 적극적인 대처가 필요하다.

우울과 불안은 단지 감정의 문제가 아니라, 우리의 신체와 정신에 모두 영향을 미친다. 이를 효과적으로 다루기 위해서는 체계적인 감정 관리 연습이 중요하다.

오랜 수험생활을 하면서 사람들과의 만남이 줄어들고 독서실 같은 밀폐된 공간에서만 주로 활동하다 보니, 나도 모르게 우울과 불안이 찾아왔다. 가끔씩 가슴이 답답하다 정도였는데 어느 날 기분 전환 겸 영화관에 갔다가 알게 되었다. 처음에는 영화에 몰입하여 몰랐지만, 시간이 지날수록 갑갑해지면서 불안감이 확 몰려오기 시작했다. 누군가 건들기만 해도 폭발할 것 같은 두려움이 엄습하여 결국 영화를 다 보지도 못하고 중도에 뛰쳐나오고 말았다.

또 한 번은 광역버스를 타고 부모님과 함께 강남으로 사촌 누나 결혼식에 가던 길이었다. 버스가 고속도로를 타고 가는데 그날따라 주말이라 그런지 차가 많이 막혔다. 광역버스 또한 영화관과 마찬가지로 밀폐된 공간에다가 중간에 내릴 수 없다는 불안감이 엄습해서 초조하기 시작했다. 처음에는 오랜만에 정장을 입어서 답답한 줄 알았지만, 점점 식은땀이 흐르고 나는 버스에서 내릴 때까지 어쩔 줄을 몰랐다. 결국, 버스에서 내려보니 양손에는 피멍이 들어 있었다. 평소 영화 관람을 좋아하기도 하고, 광역버스를 타지 못하면 멀리 돌아가야 하는 상황에서 불편한 것이 너무나 많았다. 그럼에도 나는 영화관이나 광역버스만 생각해도 불안감이 엄습해서 근처조차 갈 수가 없었다.

처음에는 정신의학과에 상담을 받으러 갈까 싶었지만, 약물치료보다는 우선 나의 감정을 돌보는 것이 먼저라는 생각이 들었다. 그래서 최성애 박사님과 조벽 교수님께서 운영하시는 HD행복연구소에 다니게 되었다. 감정 코칭 과정을 교육받으면서 행복 일기를 알게 되었다. 최성애 박사님께서 지금도 실천하시는 방법이며, 지난 30년간 수많은 연구들로 그 효과가 입증된 방법이다.

행복일기는 운동일기, 다행일기, 장점일기, 감정일기 총 4개의 항목으로 구성되어 있다.

우울과 불안 또는 공황장애의 예방과 치료에 필수적인 것이 바로 운동이다. 운동을 하면 왜 기분이 좋아질까? 최근 뇌과학 연구에 따르면 운동을 하면 세로토닌이라는 신경전달물질이 우리 몸에서 저절로 만들어진다고 한다. 세로토닌은 기분조절제 역할을 하기 때문에 우울뿐 아니라 불안을 완화시켜 주고, 유연한 감정조절력 강화에도 효과를 얻을 수 있다. 그렇다. 우리 모두 운동이 얼마나 좋은지는 다들 잘 알고 있지 않은가? 그런데 운동일기를 적어본 적이 있는지 생각해 보니 나는 한 번도 없었다. 운동일기는 오늘 내가 한 운동과 운동 시간, 운동 후의 느낌을 적는 것이다. 보통 어떤 운동을 얼마나 했는지는 적어보았어도 일기처럼 생각이나 느낌을 적는 경우는 드물어서 조금은 생소했다. 그것도 헬스장이나 다닐 때의 이야기다. 코로나 이후로 급격히 면역력이 떨어짐을 느껴서 다시 운동의 필요성을 느꼈다. 그리고 시작한 것이 걷기와 러닝, 그리고 계단 오르기 같은 유산소 운동이었다. 주로 출근 전에 운동을 하기에 그때그때 운동 강도가 달랐는데, 딱히 기록하지는 않았었다.

운동일기를 작성하다 보니 매일 운동한 시간과 종류, 운동 후의 기분이나 생각까지 적게 되었다. 평소 생각하지 못한 나의 상태를 생각해 보고 기록하면서 나만의 운동 패턴도 보였다. '주중에는 꾸준히 하는데 주말에는 확실히 쉬고 싶은 마음에 소홀하게 되는구나'라며 이렇듯 나의 운동 패턴을 파악하게 되면서 나 자신을 조절하고 신체를 좀 더 최적의 상태로 만들어나갈 수 있었다.

다행일기는 말 그대로 다행인 것을 적어보는 시간이다. 오늘 하루를 되돌아보면서 내게 '다행이다 싶은 일'을 3가지만 적어봄으로써 긍정적으로 생각하는 습관을 만들 수 있었다. 감사일기처럼 작은 일에도 감사하는 마음을 느끼게 해주었다. 아주 사소한 것들도 괜찮다. 예를 들면, 나는 건강이 많이 좋아져서 다행이다, 나는 코로나 감염자가 아니라서 다행이다, 혹은 비록 영화관에서 보지는 못했지만 늦게라도 볼 수 있어 다행이다. 이렇게 생각해 보고 적는 것만으로도 행복 에너지를 충전할 수 있었다.

다음으로는 자신의 장점을 찾아보는 것이다. 장점일기는 자신의 모습을 부정적으로 바라보는 패턴에서 자신의 강점을 바라보는 인지 패턴으로 변화시키는 일기이다. 긍정심리학의 창시자인

셀리그만 박사의 연구에 의하면, 크게 성취하는 사람들은 모자란 것보다 자신의 장점에 집중하고 그것을 발전시킨다고 한다. 처음에는 스스로 나의 장점을 찾는다는 것이 여간 어려운 것이 아니었다. 도대체 내가 무엇을 잘하는지도 모르겠고 오히려 단점만 보였다. 그러다가 '인내심이 강하다, 꾸준하다, 계획적이다' 같은 정말 사소한 것들을 꾸준히 3개씩 찾다 보니 어느새 나만의 장점 50가지가 채워졌다. 채우고 나니 나 자신에게 모자란 점을 찾으며 타인과 비교하기보다, 장점을 바라보고 집중하며 나만의 매력을 찾아갈 수 있었다.

마지막으로 감정일기다. 일반적으로 감정에 대해 알아차리거나 조절하는 것은 별로 배운 적이 없기 때문에 자기 감정을 잘 모르는 경우가 많다. 잘 느끼지도 못하고, 느꼈다 하더라도 그것을 어떻게 표현하고, 어느 정도로 수위를 조절해야 할지 잘 모르는 것이다. 즉 감정에 대해 무지하다고도 할 수 있다. 그래서 날씨에 비유를 많이 한다. 오늘 나의 감정 날씨는 어땠는지 해당하는 날씨 이미지에 표시를 하고 자세하게 나의 감정을 들여다본다. 오늘 나에게 강한 감정을 불러일으킨 상황은 어떤 것인지, 그때 떠오른 생각이나 느낌은 무엇인지, 이 일에 대한 나의 반응과 깨달은 것은 무엇이며 앞으로 이런 일이 또 발생한다면 되도록 어떻게 하면 좋을지에 대한 알아차림을 적어보는 것이다. 마지막으로 오늘 나의 행복지수를 '-5'부터 '+5'까지의 척도에 따라 체크하다 보면 객관적으로 나의 감정을 알아차릴 수 있었다.

감정일기는 특히 나처럼 트라우마 상황을 겪은 사람들에게 큰 도움이 된다. 어떤 상황이나 사건에서 주관적인 스트레스 정도, 이에 본인이 어떤 대응책을 했는가 등을 점검해 보는 것은 트라우마 치료에 사용하는 기본 방법 중 하나이다. 감정일기를 써 나가다 보면 어떤 자극에 자신의 감정이 촉발되는지를 알아차리게 될 수도 있다. 그러면 자신도 모르게 갑작스런 감정 기복이 생기거나 두렵거나 무기력해지는 상황을 알고 대비할 수 있게 되는 것이다.

나는 행복일기를 꾸준히 작성하면서, 아주 강하게 느낀 감정이나 중요한 순간에서의 감정들을 점검하는 습관을 기를 수 있었다. 이 과정을 통해 감정을 더 잘 인식하고, 내가 느끼는 감정이 어떤 원인으로 발생했는지 파악할 수 있게 되었다. 이러한 습관을 통해 점차 자기 통제력이 생기고, 감정적 자기조절 능력이 향상되었다.

처음에는 감정의 흐름을 따라가기가 힘들었지만, 행복일기와 같은 감정 관리 연습을 통해 감정을 다루는 데 점차 자신감을 얻었다. 꾸준한 감정 관리 연습 끝에 강한 감정이 드는 상황에서도 알아차리고, 불안감을 다스리고자 노력하고 있다. 아직 완전한 회복은 아니지만, 그래도 이제는 영화관에 가서 영화도 보고 광역버스도 탈 수 있게 되었다.

이러한 경험들은 내가 감정에 대한 통제력을 회복했다는 큰 성과였다. 내 감정을 제대로 인식하고 조절할 수 있는 능력은, 일상에서 마주하는 다양한 감정적 도전에 대처하는 데 큰 힘이 되고 있다. 이제는 감정의 흐름에 휘둘리지 않고, 내가 감정의 주인이 되어, 더욱 안정적이고 균형 잡힌 삶을 살아가고 있다.

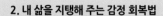

나만의
감정 회복법 만들기

감정을 내 마음대로 조절할 수 있다면 얼마나 좋을까? 예를 들어, 화가 나는 상황을 당장 멈춰버릴 수 있다면 얼마나 편할까? 그러나 솔직히 말하면, 그런 일은 거의 불가능에 가깝다. 왜냐면 감정은 일종의 날씨처럼, 인간의 힘만으로는 완벽하게 제어하기 어려운 요소이기 때문이다.

가만히 생각해 보면, 날씨는 맑다가도 어느 순간 먹구름이 낀 뒤 비가 내릴 수 있다. 그것이 자연스러운 현상이듯, 우리의 감정도 마찬가지다. 분명 아침까지만 해도 기분이 좋았는데, 어느 순간 사소한 사건이나 말 한마디에 기분이 급격히 바뀌는 경험이 누구에게나 있을 것이다. 그렇다면 우리는 이런 예측 불가능한 감정의 변화에 어떻게 대응해야 할까?

'감정을 완전히 제어한다'는 불가능에 가까운 목표를 세우기보다는, '감정을 다스리는 힘을 기르되, 흔들리더라도 제자리로 돌아올 수 있는 방법'을 찾는 것이 더 현실적이고 효과적일 것이다.

누구나 순간의 짜증이나 화가 치밀어 올라, 무의식적으로 행동해 버린 적이 있을 것이다. 나 역시 특히 가족이나 친구같이 "편안하다"라고 느끼는 사람들에게 이런 감정을 더 쉽게 드러내곤 했다. 다른 일로 이미 감정이 상한 상태에서 전혀 관련 없는 사람에게 괜히 화를 내버리는 경우도 있었다. 문제는, 그렇게 쏟아낸 뒤에 "아차, 내가 또…." 하고 후회한다는 점이다.

감정은 시간이 흐르면 자연스럽게 수그러든다. 마치 파도처럼 몰려왔다가, 일정 시간이 지나면 스르르 밀려나간다. 그런데 우리는 그 파도가 가장 높은 순간을 참지 못해 마음속에 있는 걸 한꺼번에 터뜨리고, 결국 더 큰 후회와 불편함을 떠안게 된다.

가족이나 친구처럼 가까운 사람에게 화가 치밀어 오를 때, 잠시 "내가 왜 이렇게까지 화가 났을까? 정말 저 사람 때문인가, 아니면 내 안에 이미 쌓여 있던 다른 감정이 폭발한 걸까?" 하고 물어보는 것만으로도 돌이킬 수 없는 말이나 행동을 미리 막을 수 있다. 사실, "가족이나 친구는 나를 이해해 줄 거야"라는 전제 자체가 우리가 흔히 빠지는 잘못된 믿음인지도 모른다.

이런 순간들이 반복될수록, "감정을 절대로 없앨 수는 없지만, 내가 좀 더 나은 방식으로 조절할 수 있지 않았을까?" 하는 생각이

들었다. 감정을 공부하면서, 감정의 파도에 휩쓸리지 않도록 잠깐 멈추거나 호흡을 가다듬는 것이 좋다는 사실을 알게 되었다.

그래서 이제는 상대방과 대화를 하거나 특정 상황 때문에 부정적 감정이 올라오면 잠시 멈추고 호흡하는 습관을 들이고 있다. 물론 감정이 격해진 상황에서 잠시 멈춘다는 것 자체가 쉽지만은 않지만, 조금씩 연습하다 보면 불가능한 일도 아니다.

한 번은 학생과 언쟁을 벌여야 했던 경우가 있었다. 나는 생활지도를 해야 하는 상황이었지만, 학생은 이미 감정이 고조되어 "어쩌라구요"라며 나를 무시하고 무단 행동을 했다. 순간 당황스러우면서도 나 역시 화가 치밀었지만, 이번엔 "여기서 화를 내거나 소리를 지르면 상황만 악화되겠다"라고 재빨리 알아차릴 수 있었다.

그리곤 곧바로 행동을 멈추고, 천천히 호흡에 집중했다. 들숨과 날숨에 마음을 모으기를 몇 분간 반복하자, 차분해지는 느낌이 들었다. 이 계기로 "내가 지금 감정이 악화되고 있구나" 하고 의식할 때마다 호흡하는 습관이 자리를 잡았다.

걷기의 힘: 스트레스 해소법으로서의 산책

업무적인 스트레스나 해결이 불가능해 보이는 문제가 있을 때면, 나는 무조건 공원으로 향해 걷는다. 걷는 동안 온갖 생각이 머릿속을 스쳐 지나가지만, 그렇다고 해결책이 당장 떠오르는 것은 아니다. 그럼에도 계속 걸으면서 호흡하다 보면 어느새 마음이 차분해지는 걸 느낄 수 있다.

실제로 걷기와 같은 유산소 운동은 엔도르핀과 세로토닌 같은 긍정적 기분을 유도하는 호르몬을 분비한다. 이는 우울감이나 불안을 완화하고, 심리적으로 '평온함'을 느끼도록 돕는다. 공원이나 숲길을 걸으면 초록빛이 주는 시각적 안정과 피톤치드가 기분을 안정시키는 데 도움이 되고, 도시 속 보도블록을 걷는 것만으로도 리듬감 있는 걸음 자체가 마음을 차분하게 만든다.

산책은 복잡한 장비나 큰 비용 없이도 누구나 시작할 수 있는 감정 스트레스 해소법이다. 물론 단번에 기적 같은 효과를 기대하기는 어렵겠지만, 꾸준히 걸어보면 문제 상황을 새롭게 바라보게 되는 태도, 감정적 긴장이 완화되는 체감, 그리고 심리적·신체적 건강이 함께 증진되는 경험을 할 수 있다.

"답답하면 일단 걸어서 나가보자."

이 단순한 발상에서 시작된 작은 걸음이 쌓여, 결국 마음의 파도를 다스리고 스스로를 회복하는 길로 이어질 수도 있다. "걷다 보면 어느 순간 괜찮아진다"라는 말을, 직접 체감해 보면 분명히 공감하게 될 것이다.

사람마다 '감정 리셋 버튼'은 서로 다를 수 있다. 누군가에게는 음악 듣기가, 또 다른 이에게는 영화 감상이, 혹은 맵거나 맛있는 음식을 먹는 일이 기분 전환의 열쇠가 되기도 한다. 나 같은 경우에는 의외로 볼링이 그렇다. 볼링공을 손에 쥐고 레인 위로 굴려보는 순간, 잡념이 사라지고 스트라이크를 노리느라 머릿속이 한결 가벼워진다.

결국, 중요한 건, '내 기분을 되살리는 데 효과적인 활동이 무엇인지' 직접 찾아보고, 꾸준히 해보는 일이다. 처음부터 정답을 알 수는 없지만, 다양한 활동을 가볍게 시도해 보다 보면 의외의 '감정 회복 버튼'을 발견할 수 있다. 이런 작은 습관이 반복될수록, 감정이 요동치더라도 다시 원점으로 돌아오는 힘이 생긴다. 불안과 짜증의 파도가 밀려와도 "이 순간엔 잠깐 볼링장에 들러볼까?", "음악을 크게 틀고 걸어볼까?" 같은 식으로 대응할 수 있게 된다.

이처럼 작은 실천들이 하나둘 쌓이다 보면, 우리는 내면에서 점점 더 단단하고 유연한 감정 회복력을 기르게 된다.

결론적으로, 감정은 '계속 머무는 것'이 아니라 '지나가는 것'이라는 사실을 기억할 필요가 있다. 화와 짜증이 몰려올 때, 조금만 더 참고 살펴보면 감정의 파도는 서서히 잦아든다. 그 짧은 시간을 참지 못하면 파도는 거센 힘으로 튀어나오고, 결국 뒷수습은 나와 상대방 모두의 몫이 된다. 그러나 "파도는 지나간다"라는 단순한 사실만 기억해도, 감정이 최고조에 달했을 때 잠깐 멈추는 연습을 하게 되고, 그 빈도가 늘어날수록 더욱 평온한 마음으로 대인관계를 이어갈 수 있다.

감정을 완벽하게 내 마음대로 조절하는 것은 쉽지 않다. 오늘 맑았던 날씨가 내일도 계속될 거라는 보장이 없듯이, 우리의 감정 역시 예측할 수 없는 방향으로 흐른다. 하지만 감정을 있는 그대로 수용하고, 그 속에서 회복할 수 있는 방법을 미리 연습해둔다면, 예상치 못한 삶의 변수 속에서도 조금 더 편안하고 여유로운 마음으로 매 순간을 살아갈 수 있다.

"감정이 휘몰아쳐도, 결국은 지나간다. 그 사이에 내가 선택할 수 있는 건 스스로를 돌보는 방법이다."

이렇게 꾸준히 자신만의 회복 루틴을 만들어나가다 보면, 어느 순간 예전처럼 감정에 크게 휘둘리지 않는 나 자신을 발견하게 될 것이다. 그리고 그 변화는, 내 주변 사람들과의 관계도 한층 더 건강하고 단단해지는 계기가 된다.

하루하루 작은 실천으로
감정을 안정시키기

하루를 마무리하고 잠자리에 들었을 때, 당신의 마음엔 어떤 생각과 감정이 맴도는가?

과거의 나는 늘 걱정이나 불안이 앞섰다. 열심히 산 것 같지 않다는 자책, 시험일이 다가옴에도 '별 진전이 없다'라는 무력감, 그리고 반복되는 일상에서 오는 의욕 저하가 뒤섞여 있었다. 하루가 끝나면 '그래도 내일이 또 있으니 안도'하면서도, 동시에 초조한 감정이 치솟았던 것이다.

그런데 요즘은, 잠자리에 들 때면 설렘과 평온이 든다. 내가 해낸 일과 오늘의 노력들을 돌아보면서 스스로를 칭찬하고, 다가올 내일을 기대하며 잠이 든다. 예전 같았으면 '그게 가능해?' 하고 의심부터 했겠지만, 지금은 내가 직접 그러고 있다는 사실이 신기할 정도다.

　이런 변화를 가능하게 한 것은 무엇보다 아침 루틴이었다. 나는 알람이 울리면, 우선 침대에 걸터앉아 가볍게 심호흡을 한다. 그리고 세면 후 바로 책상에 앉아, 전날 밤 작성해둔 오늘의 계획을 훑어본다. 그러고 나서 올해 이루고자 하는 계획 5가지, 감사한 것 3가지, 나 자신에게 전하는 확신의 말을 다시 적어본다.

　예를 들어, "나는 실패를 두려워하지 않고 도전한다", "나는 생각하면서 행동하고 행동하면서 생각하며 부를 이룬다" 같은 문장을 온 마음을 다해 되뇌는 식이다. 형식적으로 적으면 작심삼일로 끝날 테지만, 진심으로 나 자신을 믿고 격려한다는 느낌으로 써 내려가면 이상하게도 동기가 샘솟는 경험을 하게 된다.

　한편, 나의 불안은 대부분 "오늘 뭘 해야 하지?"라는 막막함에서 비롯되었다. 수험생 때 특히 그랬다. 그런데 어느 날 사촌 동생이 적극 추천한 플래너가 내게는 최적의 해결책이 됐다. 하루하루 해야 할 일을 미리 정해놓으니, 막연한 불안이 줄어들었다. 뭔가 '내가 하루를 주도하고 있다'라는 기분이 들었기 때문이다.

　문제는, 시간이 흐르면서 완벽주의가 불쑥 고개를 들었다는 점이다. 계획대로 안 되면 스스로를 심하게 질책하는 마음이 생겼다. '사람이 매일 똑같이 살 수는 없는데…'라고 머리로 이해는 되는데도, 마음은 불편했다. 결국 '플래너 작성'이 목적이 되어버리는 상황이 벌어졌다. 밀리면 그다음 날(혹은 다음 주, 다음 달)에나 다시 시작하고, 이미 지나간 날짜는 억지로 채우려고 애썼다. 그저 '빈 공간이 남는 게 싫다'라는 불편한 마음의 이유였다.

어느 날은, '나 지금 뭐 하고 있지?'라는 생각이 들었다. 하루하루가 소중하다고 하면서, 이미 지나간 날들의 기록을 마치 밀린 일기 숙제하듯 억지로 채우고 있었다. 그래서 결심했다.

'완벽하지 않아도 괜찮아. 밀린 건 그냥 흘려보내자.'

그렇게 내려놓은 뒤, 새롭게 접한 것이 1년 치, 365일 다이어리였다. 과연 이걸 끝까지 쓸 수 있을까 의심도 들었지만, 이번엔 '조금 실수해도 넘어가자'라는 마음으로 시작했다.

연간 플래너 작성 및 활용은 생각보다 그럭저럭 잘 됐다. 일상이 규칙적인 만큼, 계획하고 피드백하기가 수월했다. 그런데 문제는 주말이었다. 딱히 정해진 스케줄이 없어서 귀찮고 늦잠 자고 싶은 마음이 커졌고, 그럼 당연히 다이어리도 텅 비어버렸다. 이렇게 주말에 비는 칸들이 쌓이다 보니 다시 플래너를 포기하고 싶은 유혹이 몰려왔다.

그러나 이번엔 다른 접근을 해봤다. 주말은 계획을 세우기보다, 그날 실제로 한 일을 자기 전에 적는 식으로 바꿨다. 이것이 생각보다 잘 맞았다. 하다 보니 주말에 대한 나만의 패턴도 확인할 수 있었고, 기분 전환이나 휴식이 필요한 날은 있는 그대로 기록하면 되니까, 스스로를 비난하거나 포기하지 않아도 되었다.

플래너로 단기 액션을 챙겼다면, 원대한 목표를 다루기 위해선

'10배 노트'를 쓴다. 《10배의 법칙》의 저자 그랜트 카돈은 이렇게 말한다.

"어떤 목표는 달성하기 어려워서 목표를 이루어가는 과정에서 좌절을 겪는 일이 불가피할 수 있다. 그렇다면 아예 처음부터 당신이 원했던 목표보다 훨씬 더 큰 목표를 설정하면 어떨까? 그런 목표를 달성하기 위해 노력, 집중, 에너지, 끈기를 10배 더 많이 발휘하면 어떨까? 혹시 당신이 자신의 능력을 과소평가하고 있다면 어떨까?"

처음엔 '이게 말이 될까?' 싶었다. 목표를 10배로 키우고, 거기에 필요한 노력과 끈기도 10배로 늘리라는 발상은 나의 능력을 과소평가한다기보다 너무 비현실적처럼 느껴졌기 때문이다. 하지만 어느 순간 '그 불가능해 보이는 벽은 사실 내가 만든 것'이라는 걸 깨달았다. 예컨대 만 원의 10배인 10만 원은 괜찮은데, 그 10배인 100만 원, 또 그 10배인 1000만 원이 되면 불안이 훅 올라오는 식이다. 그러니 이 벽을 허무는 길은 매일 꾸준히 큰 목표를 적고 상상하며, 조금씩 익숙해지는 것뿐이었다.

그래서 나는 10배 노트에 '내 미래 모습'을 구체적으로 적고, 감정이 흔들릴 때마다 꺼내 읽는다. 그러다 보면 "아, 내가 이런 삶을 꿈꾸고 있었지." 하며 다시 힘을 얻는다. 또 신기하게도, 월 천만

원의 소득이라는 거대한 목표를 적다가 어느새 세부 액션으로 가계부 작성, 자산 파악, 소득 관련 공부에 돌입하고 있는 나 자신을 발견하기도 했다.

결국, 플래너와 10배 노트는 상반되는 도구처럼 보이지만, 실은 서로를 보완한다. 플래너는 당장 오늘 해야 할 작은 실천들을 구체화해, 즉각적인 불안을 낮춰준다. 반면, 10배 노트는 비현실적이라 여겨지는 큰 목표를 매일 되뇌며, 감정이 무너질 때마다 '왜 시작했는지'를 상기시킨다.

이렇게 큰 방향(10배 목표)과 작은 루틴(플래너)이 만나면, 예상치 못한 감정 변동이나 불안이 생겨도 다시 집중할 수 있다. "그래, 난 어차피 이 목표를 향해 가고 있으니, 오늘 할 일부터 해보자." 하는 식이다. 그렇게 작은 습관이 쌓여 어느덧 한 달, 두 달이 지나가면 감정 안정이 눈에 띄게 향상된다.

나의 하루를 직접 디자인해 보자. 날마다 같은 것 같지만, 사실은 조금씩 다르다. 이 '다름' 속에서 우리는 불안함을 느끼거나, 혹은 기회를 잡아 변화를 만들어낼 수도 있다. 내 경우, 하루를 '어떻게 설계할지' 직접 고민하고 기록하기 시작하면서 감정적 혼란이 크게 줄었다.

'아침 루틴으로 몸과 마음을 깨워 동기 부여', '플래너로 당장의 실천거리를 확실하게 구조화', '10배 노트로 말도 안 되는 큰 목표를 적기'. 장기적인 비전을 유지하는 이 세 가지 습관을 기반으로,

완벽주의와 불안을 극복하고, 흔들릴 때마다 스스로를 다시 일으키는 힘을 얻었다. 물론 가끔은 계획대로 되지 않는 날도 있다. 그럴 땐 "그래도 괜찮아, 내일 다시 해보자"라는 말로, 내 마음속 압박을 내려놓는다.

결국, 감정은 머릿속의 혼란에서 비롯되고, 작은 실천과 목표가 그 혼란을 정리해 안정을 가져다준다는 것을 몸소 느끼고 있다. 하루를 직접 디자인하고 기록해 보는 일은, 똑같이 반복되는 일상 속에서도 내가 주인공이 된다는 묘한 자유를 선물해 준다.

일상 속에서 자존감을 높이는 작은 실천

과거의 나는 낯선 사람들 앞에서 말을 꺼내거나, 그들의 눈을 똑바로 바라보는 일을 굉장히 어려워했다. 가족이나 친한 친구들처럼 편하고 익숙한 사람들 이외에는, 처음 보는 이들과 대면하는 상황만으로도 긴장감이 극도로 치솟았다. 그래서 어쩔 수 없이 고개를 숙이거나, 발밑만 쳐다보며 자꾸만 뒷걸음질 치기 일쑤였다.

낯가림이 이렇게 심하다 보니 자연스레 자존감도 낮아졌다. 가만히 떠올려보면 '이 사람들이 나를 어떻게 볼까', '혹시 이상하게 생각하지 않을까' 하는 두려움이 컸다. 스스로를 믿지 못했기 때문에, 남이 바라보는 시선이 너무 크게 다가왔던 것이다.

특히 버스를 탈 때면 내 모습이 더 명확하게 드러났다. 보통 사람들은 버스에 올라서자마자 빈자리를 찾고, 편하게 앉거나 자신에게 맞는 자리를 골라 이동한다. 그러나 나는 일단 올라서면 곧장 가장 먼저 보이는 빈 공간으로 가서 움직이지 못했다. 혹시라도 누군가와 눈이 마주칠까, 그들이 나를 이상하게 볼까 봐 두려웠다. 그저 서 있으면 안전하게 보이지 않을까 싶었던 마음이었다. 그렇게 자꾸 시선을 피하고 회피하는 행동을 하다 보니, 점점 나 자신이 더욱 작아지는 느낌이었다.

학교에서도 마찬가지였다. 수업 중에 발표하거나, 선생님이 갑자기 질문을 던질 때면 머릿속이 하얗게 텅 비었다. 아무 말도 못하고 머뭇거리는 내 모습을 스스로도 한심하게 느끼면서, 다른 한편으론 그 상황이 끝나기만 바랐다. 심장이 쿵쾅거리고 땀이 나는 건 예사였다. 돌이켜보면, 나의 낮아진 자존감이 여러 가지 상황에서 발목을 붙잡았던 셈이다.

이성과 자연스럽게 대화하는 것도 상상조차 못 할 일이었다. 초등학교 때는 남녀 공학이었고, 친한 몇몇 여자아이 친구들과도 대화해 본 기억이 있었다. 하지만 중학교와 고등학교를 남중, 남고로 진학하면서 이성을 만날 기회 자체가 크게 줄었다. 그러다 보니 조금만 낯선 상황이 벌어져도 머릿속에서 온갖 생각이 꼬리에 꼬리를 물었다.

그러던 중, 대학에 입학하기 전에 동기들을 미리 만나는 모임이 있다고 하여 큰맘 먹고 참석했다. 사실 그 자리에 나가는 것 자체가 큰 결심이었다. 모임 장소에 들어서자 온통 낯선 얼굴들, 낯선 분위기. 나로서는 그 공기가 너무 어색하고 낯설어, 정신이 번쩍 들 정도로 긴장했다.

당시 이 이야기를 초등학교 동창이면서 오랜 시간 연락을 이어온 여자 사람 친구에게 털어놓았고, 그 친구가 제안한 '특별 훈련'이 나에게는 일종의 인생 터닝 포인트가 됐다. 그 훈련이란 '상대방의 눈이나 인중을 반드시 바라보며 이야기하기'였다. 어찌 보면 너무 간단해 보이지만, 나 같은 사람에게는 쉽지 않은 도전이었다. 처음에는 상대방의 시선이 부담스러워 자꾸 눈길을 피하려고 했지만, 친구가 "내 눈을 끝까지 보고 있어 봐"라고 할 때마다 진땀을 흘리면서도 버텨냈다.

시간이 지나고 여러 번 그런 연습을 반복하자, 자연스럽게 얼굴을 들고 상대방과 마주 보는 일이 조금씩 편해졌다. 그 '눈 마주치기' 하나만으로도 대화의 분위기가 훨씬 달라지고, 내가 전달하는 말에 자신감이 실리는 듯했다. 그 친구 덕분에 조금씩 외향적으로 변해가는 내 모습을 발견하면서, '아, 나도 변할 수 있구나!'라는 희망을 갖게 됐다.

그렇게 자신감을 조금씩 찾아가다 보니, 문득 '나는 왜 이렇게 자신감이 없었을까?'라는 근본적인 질문이 떠올랐다. 그리고 그 답은 '자존감'이란 단어에서 찾을 수 있었다.

자신감은 '스스로의 능력이나 판단에 대한 긍정적인 믿음' 또는 '내가 잘할 수 있다'라는 확신에 가까운 개념이다. 자존감은 그보다 한층 더 근본적으로, '나 자체가 존중받을 가치가 있다고 믿는 마음'을 의미한다. 즉, '나라는 존재가 충분히 소중하고 괜찮다'라고 여길 수 있어야 자신감도 뒷받침되고, 당당해질 수 있다.

예전의 나는 몸도 마음도 모두 약했다. 스스로를 언제나 부족하게 여기면서, 타인 앞에 서면 더욱 작아지는 기분이었다. '내가 뭘 할 수 있을까?', '나는 별로 가치 없는 사람 아닌가?' 같은 생각들이 머릿속을 맴돌면서, 자존감이 더욱 바닥을 쳤다.

그러다 자존감 관련 책이나 영상을 찾아보면서, 많은 사람들이 공통적으로 강조하는 말을 접했다.

> "당신은 다른 사람들뿐 아니라 스스로에게도 사랑과 존중을 받을 자격이 있는 특별한 존재이다."

이 문장을 마음속으로 반복하면서, '나 역시 소중한 사람'이라는 사실을 조금씩 받아들이게 됐다.

긍정적 관점과 말 습관. 우리는 아직 일어나지 않은 일에 대해 부정적으로 예상하고 불안해하기 쉽다. 예를 들어, '이번 시험은 망할 것 같아'라는 생각을 하기 시작하면, 실제로 더 긴장하여 실수할 확률도 커진다. 그러므로 생각의 전환이 필요하다. '망할 것 같아'가 아닌 '해낼 수 있어' 혹은 '최선을 다해보자'처럼 긍정적이고 실현 가능한 말을 하며 마음을 다스린다. 그리고 "해야 한다" 대신 "할 수 있다"로 말해보자. "~해야 한다"라는 표현은 무언가 의무감을 느끼게 하고, 그 기대에 못 미치면 심리적 부담이 커진다. 반면 "~할 수 있다"라는 표현은 가능성을 열어두고, 자신에게 스스로 동기 부여를 하게 해준다.

생각보다 이런 언어 습관 하나 바꾸는 것만으로도, 일상에서 만나는 여러 상황이 조금씩 밝게 보이기 시작했다. '자존감 향상'이라고 하면 막연하게 들릴 수 있는데, 작은 목표부터 달성해 나가는 것이 큰 도움이 된다. 예컨대, 한라산에 오르고 싶다면 언제 갈지 계획하고, 준비물을 하나씩 갖추는 과정을 구체적으로 그려본다. 그리고 점진적인 단계를 설정해 보는 것이다. 체력이 부족하다면 우선 동네 산이나 계단 오르기 등을 먼저 시도한다. 무작정 한 번에 높은 산을 오르려 하면 몸도 마음도 지치기 쉽다. 작은 성공과 성취감을 차곡차곡 쌓아가면서, '나도 할 수 있다'라는 자신감을 키우는 것이 핵심이다. 처음부터 너무 큰 목표를 세우면 오히려 스스로 상처받고 주저앉을 수 있다. 하지만 충분히 달성 가능한 목표를 단계적으로 설정하면, 그 과정을 통해 자존감이 더욱 단단해진다.

스스로 돌보는 습관이 필요하다. 평소에 어떠한 음식으로 몸에 에너지를 공급하고, 얼마나 꾸준히 몸을 움직이느냐에 따라 기분이나 에너지가 크게 달라진다. 가공식품이나 설탕, 카페인이 많이 들어간 음식을 줄이고, 신선한 야채, 통곡물, 단백질이 풍부한 식재료를 섭취해 보자. 꾸준한 운동 역시 중요한데, 굳이 거창한 헬스장이 아니라도 집 근처 공원 산책이나 스트레칭부터 시작하면 좋다.

많은 사람들이 자신의 성취를 당연하게 여기거나, 남과 비교하여 스스로를 과소평가한다. 나 역시 과거에는 '내가 이룬 건 별거 아냐'라고 생각하기 일쑤였다. 하지만 작은 성취도 그냥 지나치지 않고 돌이켜보면, 내가 걸어온 길이 생각보다 훨씬 의미 있고 소중하다는 사실을 깨닫게 된다. 나의 인생 시기별 성취 목록을 작성해보자. 초·중·고, 대학 시절, 커리어 초기, 그리고 현재까지 네 부분으로 나누어, 그 시기에 이루었던 모든 일들을 적어본다. 꼭 커다란 업적이 아니어도 된다. 첫 요리 성공, 운전면허 취득, 소중한 친구를 사귄 경험 등, 일상을 살아가며 내가 '잘 해낸' 순간들을 최대한 구체적으로 기록해 보자.

오래된 사진이나 여행 기념품, 혹은 일기장을 다시 펼쳐 보면, 의외로 잊고 있던 많은 추억과 성취들이 떠오른다. 필요하다면 스크랩북이나 콜라주를 만들어 내 업적을 한눈에 보이게 하는 것도 좋은 방법이다. 이렇게 과거 성취를 재평가하면, 내 안의 '나는 별 볼 일 없어'라는 생각을 조금씩 지워나갈 수 있다.

낯가림이 심하고 자신감이 부족해서 당연히 '나는 늘 이럴 거야'라고 여겼던 내 과거 모습이, 사실 '나를 나 자신이 제대로 돌보지 않고 소중히 여기지 않았기 때문'임을 뒤늦게 깨달았다. 자존감을 높이기 위해 가장 먼저 해야 할 일은 '내가 얼마나 괜찮은 사람인지'를 인정해 주는 것이다. 물론, 지금도 완벽하게 자존감을 확립했다고 말할 수는 없다. 나 역시 새로운 환경이나 어려운 도전 앞에서 긴장하고, 때로는 두려워한다. 하지만 예전처럼 주저앉거나 도망치지 않고 '그래도 나는 해볼 만한 가치가 있는 사람이야'라고 스스로를 다독일 수 있게 됐다. 이런 작은 마음가짐의 변화가 계속 쌓이다 보면, 자연스럽게 행동과 태도도 달라진다는 것을 몸소 실감한다.

혹시 과거의 나처럼, 남의 시선 때문에 움츠러들고, 스스로를 초라하게 느끼고 있다면 지금부터 하나씩 시도해보자. 눈을 마주치기, 긍정적인 말로 자신을 격려하기, 현실적인 목표 세우기, 내 몸과 마음을 돌보기, 과거의 성취 되돌아보기 등 어떤 것이든 좋다. 이 작은 실천들이 모이면, 어느 순간 자존감이 예전과 전혀 다른 수준으로 높아져 있는 자신을 발견할지도 모른다.

"당신은 당신 자신에게도 사랑과 존중을 받을 자격이 있는 특별한 존재다."

이 문장이 결코 헛된 위로나 과장이 아니라는 사실을, 나는 스스로에게 증명해 보았다. 이제 당신 차례이길 바란다.

실패 속에서도
나를 지탱하는 마음의 힘

　나는 자존감을 높이는 다양한 방법을 실천하며, 스스로를 긍정
하고 격려하는 법을 조금씩 배워 왔다. 매일 아침 거울을 보며 스
스로에게 미소 지어 보이고, 작은 성취를 축하하며 자신감을 키우
려 노력했다. 그러나 그 과정에서도 예상치 못한 실패는 끊임없이
찾아왔다. 중요한 프로젝트가 마감 기한을 넘겼을 때, 중요한 시험
에서 원하는 점수를 얻지 못했을 때, 혹은 소중한 사람과의 관계가
틀어졌을 때마다 '왜 또 실패했을까?'라는 스스로에 대한 실망과
'앞으로 어떻게 해야 하나?'라는 불안이 겹쳐 마음 한구석이 무너
질 것 같았다. 이 글을 쓰고 있는 지금도 마음 한쪽에서는 '누가 내
글을 읽을까', '이게 과연 책으로 나올 수 있을까'라는 불안감이 엄
습하고 있음을 느낀다. 그럼에도 불구하고 끝까지 나 자신을 붙들

어 주는 힘을 믿는다. 바로, 실패를 끝이 아닌 '성장의 과정'으로 바라보는 마음가짐이다.

왜 우리는 실패를 두려워할까? '이 길이 아니면 어쩌지?', '만약 또 잘못된다면 어떡하지?'와 같은 생각이 우리를 사로잡는다. 실패는 막연한 두려움으로 다가오며, 누군가는 이를 '능력 부재'로 해석해 주변의 시선과 평가를 두려워하고, 또 다른 이는 미래에 대한 불확실성 때문에 쉽게 발걸음을 떼지 못하게 된다. 예를 들어, 대학을 졸업하고 첫 직장을 찾던 시절, 여러 번의 불합격 통보를 받을 때마다 내 능력에 대한 의문이 생겼고, 그로 인해 스스로를 더욱 비난하게 되었다. 이러한 두려움은 실패를 상상만 해도 마음을 무겁게 만들고, 괜히 주눅 들게 한다.

그러나 조금만 생각해 보면, 한 번의 실패가 영원한 낙인을 찍는 경우는 드물다. 오히려 실패는 지금까지 몰랐던 내 약점을 발견하거나, 더 나은 길을 찾을 수 있도록 안내해 주는 '이정표'가 되기도 한다. 예를 들어, 아르바이트로 시작한 사회생활에서의 실패를 통해 나는 더 나은 커뮤니케이션 스킬과 팀워크의 중요성을 깨닫게 되었고, 이는 이후의 경력에 큰 도움이 되었다. 경험해 보지 않고서는 결코 얻을 수 없는 통찰도, 실패 뒤에 비로소 보일 때가 많다.

실패 속에서 얻는 배움은 무엇일까. 나는 크게 두 가지 점에서 실패가 나를 성장시킨다고 믿는다.

첫째는 부족함을 객관적으로 볼 기회이다. 실패를 겪으면 자연스럽게 '내게 무엇이 부족했나?'라는 물음과 마주하게 된다. 이전엔 전혀 몰랐던 지식, 기술, 자세가 필요함을 깨닫게 된다. 예를 들어, 중요한 발표에서 청중의 반응이 저조했을 때, 나는 준비가 부족했음을 깨닫고 더 철저한 준비와 연습의 필요성을 느끼게 되었다. 이처럼 실패는 나의 취약점을 냉정하게 돌아볼 수 있게 하는 귀중한 기회가 된다.

둘째는 새로운 가능성을 발견하는 것이다. 실패로 인해 문이 하나 닫히는 것처럼 보여도, 한편으로는 열릴 수 있는 다른 문이 있다는 사실을 깨닫게 된다. 예를 들어, 내가 열정을 가지고 시작했던 공모전이 실패로 끝났을 때, 나는 그 경험을 통해 더 나은 기획안을 구상하고, 새로운 분야에 도전할 용기를 얻게 되었다. 실패가 없었다면, 계속 '안 맞는 길'에 머물렀을지도 모른다. 실패는 때로는 나에게 진짜 어울리는 길로 가라는 신호이기도 하다.

그렇다면 나를 지탱하는 마음의 힘에는 어떤 것들이 있을까. 실패한 뒤 가장 하기 쉬운 일은 자기 비난이다.

'왜 또 이런 어이없는 실수를 했을까.'

'나는 원래 안 되는 사람인가 봐.'

그러나 사실 실패는 누구나 겪을 수 있는 자연스러운 과정이다. 이때 적절한 수준의 자기연민은 '괜찮아, 누구에게나 이런 일은 일어날 수 있어'라는 안도감을 준다. 그 안도감이 다시 도전할 용기를 준다. 예를 들어, 중요한 시험에서 떨어진 후 친구와의 대화를 통해 내가 혼자가 아님을 깨닫고, 스스로를 더욱 긍정적으로 바라볼 수 있게 되었다. 우리는 종종 "나는 안 돼", "거봐, 또 실수했잖아"라는 부정적 문장을 스스로에게 던진다. 이런 말들은 마음을 무기력하게 만든다. 반면, "그래도 이만큼 시도했으니 배운 게 있어", "다음에는 조금 더 나아질 거야" 같은 긍정적 대화는 실패를 발판으로 삼아 앞으로 나아가는 데 힘을 준다. 실패라는 사실 자체를 무조건 부정하는 게 아니라, 그 경험을 가치 있게 만들어주는 '말의 힘'을 활용하는 것이다.

또한, 실패는 고립감을 동반한다. '이 힘든 걸 나 혼자만 겪는 것 같다'라고 느낄 때 우리는 더 외롭고 취약해진다. 하지만 그때 "너만 그런 게 아니야. 그래도 최선을 다했잖아"라고 말해주는 한 사람의 지지가 큰 위로와 힘이 된다. 가족, 친구, 멘토, 혹은 온라인 커뮤니티에서도 긍정적인 에너지를 얻을 수 있다. 예를 들어, 힘든 시기를 겪던 중에 만난 멘토의 조언과 지지는 나에게 큰 위로가 되었고, 다시 일어설 수 있는 용기를 주었다.

어떤 목적을 향해 달리는 동안 우리는 종종 본질적인 의미를 잊어버리곤 한다. "이 일을 왜 시작했더라?", "이게 내 삶에 어떤 가치를 주던가?"라는 질문을 다시 던져 볼 필요가 있다. 예컨대, 내가 진짜 원하는 삶은 무엇이고, 지금 실패해도 계속 달려야 할 이유가 뭔지를 되새겨 보면, 실패에도 불구하고 길을 계속 가야 하는 동기를 되찾게 된다. 이는 마치 어두운 터널 끝에 빛이 있다는 믿음처럼, 우리에게 지속적인 동기부여를 제공한다.

실패 후 다시 일어서기 위한 작은 실천으로는 감정 정리의 시간을 갖는 것이 중요하다. 무엇보다 중요한 것은 실패 직후 스스로를 몰아세우지 않는 것이다. 차분히 감정을 정리하며, 일기를 쓰거나 조용히 산책하며 지금 내 마음이 어떤 상태인지 들여다본다. 예를 들어, 실패 후 저녁 산책을 하며 자연 속에서 마음을 정리하고, 자신에게 다시 힘을 불어넣는 시간을 가졌다. 또한, 실패 요인을 분석하는 것도 필요하다. 성공이든 실패든 결과에는 늘 원인이 있다. 무조건 내 탓만 하거나 환경 탓만 하지 말고, 객관적으로 나의 준비 정도나 외부 변수를 분석해 본다. 그래야 다음 시도에서 같은 실수를 반복하지 않는다. 그리고 조금씩 다시 움직이는 것도 중요한데, 한 번에 완벽을 기대할수록 두려움이 커진다. 작은 목표 하나를 정하고 실천해 본다. 예를 들어, 취업에 실패했다면 지금의 스펙으로 도전할 수 있는 직무를 찾아보거나, 하루 30분씩 필요한 역량을 공부하는 것부터 시작한다. 작은 성취가 쌓이면 다시 자신감이 생긴다.

마지막으로, 과거의 성공 경험을 복기하는 것도 도움이 된다. 한 번쯤은 내가 잘했던 순간이 있지 않았는가? 혹은 난관을 이겨낸 경험이 없었던가? 그때의 기쁨과 성취감을 떠올리고, "분명 이번에도 해낼 수 있어"라는 믿음을 스스로에게 다시 불어넣는다. 예를 들어, 과거에 어려운 시험을 통과했던 경험을 떠올리며, 그때의 노력과 성취감을 다시 느끼며 현재의 도전에 맞서게 된다.

결국 실패란, 우리가 더 단단해지고 성장할 수 있는 과정이라고 믿는다. 과거의 나는 작은 실패에도 "나는 원래 안 되는 사람인가 보다"라며 쉽게 좌절했다. 그러나 조금씩 경험을 쌓고 실패의 의미를 되짚어 보면서, 오히려 실패가 나를 더 깊이 이해하고 넓은 시야를 갖게 해 준다는 사실을 깨달았다. 물론 실패는 고통스럽고, 때로는 모든 것을 포기하고 싶을 만큼 절망감에 빠지게 하기도 한다. 그렇지만 실패가 주는 배움과 의미를 찾아내는 순간, 우리는 어제의 나보다 한 단계 더 성장하게 된다. 한 번의 실패로 얻은 통찰력은 몇 번의 작은 성공보다 훨씬 더 값진 자산이 되기도 한다. 실패 속에서도 나를 지탱해 주는 마음의 힘이 있다면, 결국 우리는 넘어져도 다시 일어날 수 있다. 그 마음의 힘은 자기 자신을 다독이는 따뜻한 시선, 실패 속에서도 가능한 길을 모색하는 긍정적인 태도, 그리고 주변 사람들과 함께 만들어 가는 지지 체계에서 비롯된다. 이 모든 요소가 어우러질 때, 실패는 더 이상 끝이 아니라 또 다른 시작의 출발선이 된다.

결코, 한 번도 실패하지 않는 사람은 없다. 하지만 실패 속에서 뭔가를 배우고, 다시 도전하는 사람만이 새로운 길을 열 수 있다. 나에게 주어진 이 실패를 결코 헛되이 보내지 말자. 바로 이 순간을 통해, 더 단단해진 '나'를 만날 수 있을 테니까.

실패를 단순한 좌절의 순간이 아닌, 자기 성장의 밑거름으로 삼기 위해서는 일상의 작은 순간들에서도 의미를 찾는 노력이 필요하다. 비 오는 날 창밖을 바라보며 지난 실패를 돌아보고, 그 속에서 새로운 가능성을 모색하는 시간을 가지는 것처럼 말이다. 또한, 실패를 통해 만난 새로운 사람들과의 인연은 나에게 또 다른 기회를 열어주기도 했다. 예를 들어, 실패를 겪은 후 참여하게 된 워크숍에서 만난 사람들과의 교류는 나에게 새로운 시각과 영감을 주었고, 이는 이후의 도전에 큰 힘이 되었다. 이렇게 실패는 단순히 넘어지는 것이 아니라, 일어서는 과정에서 더욱 풍부한 경험과 깊은 인사이트를 제공한다.

마지막으로, 실패를 통해 얻은 가장 큰 교훈은 자기 자신에 대한 이해와 수용이다. 실패는 나의 한계를 시험하지만, 동시에 나의 가능성을 재발견하게 해준다. 나의 강점과 약점을 명확히 인식하게 되고, 이를 바탕으로 더 나은 미래를 설계할 수 있는 기반이 마련된다. 실패 속에서도 나를 지탱하는 마음의 힘은 단순한 긍정이나 격려를 넘어, 자기 자신을 진정으로 이해하고 받아들이는 과정에서 비롯된다. 이로 인해 우리는 더욱 탄탄한 내면을 구축하게 되며, 어떤 어려움이 닥치더라도 흔들리지 않는 자신감을 가질 수 있게 된다.

이처럼 실패는 우리 삶의 필수적인 부분이며, 이를 통해 우리는 끊임없이 성장하고 발전할 수 있다. 실패를 두려워하지 않고, 오히려 그것을 기회로 삼는다면, 우리는 더욱 풍부하고 의미 있는 삶을 살아갈 수 있을 것이다. 실패 속에서도 나를 지탱해 주는 마음의 힘을 믿고, 그것을 바탕으로 다시 일어서는 용기를 가지자. 그렇게 할 때, 우리는 진정으로 원하는 삶을 향해 한 단계 더 나아갈 수 있을 것이다.

불안과 스트레스를 다스리는 일상적인 방법

급변하는 현대 사회는 우리에게 끊임없는 도전과 압박을 안겨주는 환경을 제공한다. 스마트폰과 소셜 미디어의 발달로 언제 어디서나 정보에 접근할 수 있는 시대이지만, 동시에 우리는 끊임없는 비교와 경쟁 속에서 살아가고 있는 현실이다. 직장에서는 높은 업무 강도와 긴 근무 시간이 존재하며, 가정에서는 다양한 역할과 책임을 감당해야 하는 상황이기 때문에 일상 속에서 겪는 스트레스의 원인은 매우 다양하고 복잡하다. 이러한 환경 속에서 불안은 점점 더 만연해진다. 또한 스트레스는 우리의 신체적, 정신적 건강을 위협하는 주요 요인이 되고 있다. 이러한 현대적 도전에도 불구하고, 우리는 일상 속에서 작은 변화와 실천을 통해 마음의 평화를 되찾아야 한다. 그리고 더 건강하고 행복한 삶을 영위할 수 있는 길을 모색하는 것이 중요하다.

의학적으로 스트레스는 외부 자극에 대한 우리의 신체적, 정서적 반응으로 정의된다. 흔히 스트레스를 무조건 부정적으로 바라보는 경향이 있지만, 약간의 스트레스는 나쁘지 않다. 예를 들어, 새로운 직장에서 첫 프로젝트를 맡게 되었을 때 느끼는 긴장감은 업무 수행 능력을 향상시키는 동기부여가 될 수 있다. 또한, 운동을 처음 시작할 때의 약간의 피로감은 신체를 단련시키는 과정의 일부이다. 이러한 관리 가능한 스트레스는 우리의 능력을 확장하고 발전시키는 역할을 한다.

특히 정신을 바짝 차리고 신속히 대응해야 하는 위기 상황에서 스트레스는 정신력과 육체적 에너지를 최적화할 수 있도록 돕는다. 예를 들어, 수능 시험을 앞둔 학생들이 시험 전날 잠을 이루지 못하고 걱정하는 경우, 스트레스는 두뇌를 위기로 인식하게 하여 싸우거나 도망가기 위해 온몸을 각성시킨다. 운동 경기에서 중요한 순간에 느끼는 아드레날린 분비는 선수들이 최상의 성과를 내도록 도와준다. 따라서 일시적인 스트레스 반응은 생존을 위해 유익한 것이다.

하지만 대부분의 것들이 그렇듯, 스트레스도 과하면 문제가 된다. 스트레스가 누적되거나 매우 심해지면 긍정적으로 작용하기보다는 악영향을 미치게 된다. 예를 들어, 만성 스트레스는 고혈압, 심장 질환, 소화 장애 등을 유발할 수 있으며, 정신적으로는 불면증, 집중력 저하, 기억력 감퇴 등을 초래할 수 있다. 스트레스를 받으면 무기력감, 우울감, 불안감 등 부정적인 감정이 몰려와 '감정의 홍수' 상태에 빠지게 된다. 이때 사람은 차분하게 생각하지 못하고 본능적으로 반응하게 되는 것이다.

특히 극도의 스트레스 상황에서는 숨을 제대로 쉬지 못하는 경우가 발생한다. 나 역시 수험생 시절 가슴이 답답하고 숨이 잘 안 쉬어지는 공포를 경험했었다. 이는 비단 나만의 문제가 아니었다. 그럴 때마다 나는 차분하게 심호흡을 하면 신기하게도 안정을 되찾았다. 이것이 바로 스트레스를 중화시키는 15초의 마력, 심장 집중 호흡이다.

심장 집중 호흡은 감정이 극단으로 치우칠 수 있는 스트레스 상황에서 빠르게 감정적 중립 상태를 회복할 수 있는 간단하지만, 매우 강력한 기술이다. 이는 미국의 하트매스 연구소에서 20년간 연구한 결과로, 누구나 쉽게 스트레스를 중화시킬 수 있는 3단계로 이루어져 있다.

첫 번째 단계는 화가 나고 불쾌한 상태에서 잠시 멈추고 천천히 깊게 호흡하는 것이다. 5초 동안 숨을 들이쉬고, 다시 5초 동안 내쉰다. 그러면서 내 심장 주변으로 깨끗한 산소가 순환하는 것을 상상하면 된다.

두 번째 단계에서는 호흡 속도를 유지하면서 스트레스를 유발하는 생각이나 감정으로부터 거리를 두는 상상을 한다. 예를 들어,

친구와의 갈등 상황을 마치 멀리 떨어진 관람석에서 바라보는 것처럼 생각하는 것이다.

마지막 단계에서는 부정적 감정이 중화될 때까지 심장 집중 호흡을 지속한다.

이처럼 아주 간단한 방법으로 스트레스 반응의 강도를 줄이고 차분하면서도 정신을 맑게 할 수 있다. 심장 집중 호흡은 꾸준히 실천할 경우 전반적인 스트레스 수준을 낮추는 데 큰 도움이 된다. 그래서 나는 학생들에게 주기적인 연습을 권유하고 있으며, 이를 통해 많은 학생들이 정신적, 감정적인 균형을 되찾는 효과를 보고 있다.

인간은 기본적으로 저장된 에너지를 사용하고 새로 충전하는 에너지 시스템을 가지고 있다. 우리는 배터리처럼 특정 양의 에너지를 가지고 하루를 시작한다. 그렇다면 건강을 유지하기 위해서는 어떻게 에너지를 관리해야 할까. 바로 총 에너지를 현명하게 사용하고, 소비된 에너지를 재충전해야 한다. 예를 들어, 하루 종일 집중해서 일한 후 저녁에 충분히 휴식을 취하지 않으면 다음 날 피로가 누적되는 것이다. 에너지를 지속적으로 소비하지만 재충전하지 않으면 몸의 에너지는 고갈되어 탈진 상태에 이르게 되고, 이는 잦은 실수, 업무 수행 능력 저하, 그리고 신체와 정신의 건강 문제로 이어진다. 따라서 에너지를 충전하기 위한 충분한 수면은 신체적, 정신적 건강을 유지하는 데 필수적인 요소이다. 현대인의 바쁜 생활 패턴은 종종 수면 부족을 초래하며, 이는 불안과 스트레스를 악화시키는 주요 원인이 된다.

숙면은 몸의 에너지를 회복하는 것뿐만 아니라 마음의 에너지를 다시 채워주는 데도 중요한 역할을 한다. 뇌과학 연구에 따르면, 충분한 잠은 다음과 같은 방식으로 에너지를 회복하는 데 도움을 준다.

첫째, 글림파틱 시스템의 활성화이다. 깊은 잠 단계인 비렘수면 동안 글림파틱 시스템이 작동하여 뇌 속의 노폐물과 유해 물질을 제거한다. 예를 들어, 하루 종일 집중해서 공부한 학생이 충분히 잠을 자면 뇌의 노폐물이 제거되어 다음 날 더 효과적으로 학습할 수 있다.

둘째, 신경 회복과 재생이다. 잠자는 동안 뇌는 손상된 신경 세포를 복구하고 새로운 연결을 만든다. 이는 공부와 기억 능력을 향상시키는 데 필수적이며, 마음의 피로를 풀어주는 데 도움을 준다.

셋째, 호르몬 균형 유지이다. 잠은 스트레스 호르몬인 코르티솔의 양을 조절하여 기분과 에너지 수준을 안정시킨다. 또한, 렘수면 동안 분비되는 멜라토닌은 잠의 질을 높이고 신체의 자연 리듬을 유지하는 데 중요한 역할을 한다.

하버드 대학교의 연구에 따르면, 매일 7시간 이상의 수면을 취하는 사람들은 심혈관 질환과 당뇨병의 위험이 낮아지는 것으로 나타났다. 예를 들어, 충분한 수면을 취한 직장인은 피로를 덜 느끼고 업무 효율이 높아지며, 감기와 같은 질병에 덜 걸리는 경향이 있다. 뇌과학 연구에서도 충분한 수면이 뇌 기능과 에너지 회복에 미치는 긍정적인 영향을 입증하고 있다. 그럼에도 불구하고 우리는 잠을 너무나도 소홀히 하는 경우가 많다. 현재 당신은 몇 시간 이상 잠을 자고 있는가? 수면 시간이 부족한 것은 학생들뿐만 아니라 현대인 전반의 고질적인 문제다. 특히 잠을 자고 싶어도 잠이 오지 않는 불면증이 심각해지고 있다. 왜 그럴까?

숙면의 질을 향상시키기 위해서는 생활 습관과 수면 환경을 개선하는 것이 가장 중요하다. 뇌과학적으로 입증된 몇 가지 방법을 실천하면 최상의 숙면을 유지할 수 있다.

첫째, 규칙적인 수면 시간을 유지하는 것이다. 매일 같은 시간대에 잠자리에 들고 일어나는 습관을 들이면 생체 리듬이 안정되어 수면의 질이 향상된다. 예를 들어, 매일 밤 10시에 잠자리에 들고 아침 6시에 일어나는 일정을 유지하면 몸이 자연스럽게 그 시간에 잠들고 깨어나게 된다.

둘째, 수면 환경을 최적화하는 것이다. 어둡고 조용한 침실, 적절한 온도 유지, 편안한 침구 사용 등 수면에 적합한 환경을 조성하는 것이 중요하다. 예를 들어, 침실에 블라인드를 설치하여 외부의 빛을 차단하고, 귀마개나 백색소음을 이용해 소음을 줄일 수 있다.

셋째, 전자기기 사용을 자제하는 것이다. 현대인이 불면증을 겪는 주요 원인 중 하나는 스마트폰과 같은 전자기기의 사용이다. 블루라이트는 멜라토닌 분비를 억제하여 수면 유도를 방해할 수 있다. 따라서 취침 전 최소 1시간 동안은 스마트폰, 컴퓨터 등의 전자기기 사용을 자제하여 블루라이트 노출을 줄이는 것이 좋다.

넷째, 카페인 섭취를 조절하는 것이다. 카페인은 각성 효과가 있어 취침 몇 시간 전에는 되도록 섭취를 피하는 것이 좋다. 예를 들어, 오후 늦게 커피를 마시는 습관이 있다면, 저녁 시간대에는 디카페인 음료로 대체하는 것이 도움이 된다.

나는 심장 집중 호흡과 충분한 숙면만으로도 불안과 스트레스를 효과적으로 다스릴 수 있었다. 또한, 중요한 시험을 앞둔 학생들에게 심장 집중 호흡을 지도한 후 긴장이 완화되고 자신감을 회복하는 모습을 자주 보았다. 이러한 과정은 우리의 일상적인 에너지 수준을 유지하고, 건강한 삶을 영위하는 데 중요한 역할을 한다. 따라서 호흡과 숙면의 중요성을 인식하고 이를 실천하는 것은 현대인의 건강과 행복을 유지하는 데 필수적이다. 사소하지만 작은 생활 습관의 변화가 큰 차이를 만들어낼 수 있으며, 꾸준히 지속한다면 당신도 최적의 에너지 상태를 유지할 수 있을 것이다.

마음을 편안하게 해주는 심리적 루틴

사람이 하는 생각 중에 70~80%가 부정적이라고 한다. 좋은 생각은 곧바로 잊어도 되지만, 부정적 생각은 해소될 때까지 붙잡고 있어야 하기 때문이다. 예를 들어, 자녀가 공부를 잘하면 일단 마음이 놓이며 더 이상 신경을 쓰지 않아도 되지만, 공부를 못하면 아이의 미래가 걱정이 되고 성적이 올라갈 때까지 고민하게 된다. 이처럼 우리는 온종일 온갖 미해결 과제에 골몰한다. 결론적으로 인간은 불쌍하게도 부정적 감정에 매몰되게끔 디자인되었다는 뜻이다. 그래서 삶 자체가 괴로움이라 하는지도 모른다.

그럼 우리는 어떻게 해야 행복할 수 있을까? 누군가가 나에게 "당신은 행복한가요?"라고 물어보면 나는 한 치의 망설임도 없이 "네!"라고 대답할 수 있다. 그러면 누군가는 "우와, 저 사람 부자인가 보다" 혹은 "우와, 저 사람 모든 것을 이루었나 보다"라고 생각할 수도 있겠다. 그러나 나는 전자도 후자도 아니다. 그저 현재에 최선을 다하며 받아들이고 살아가고 있을 뿐이다. 물론 나 역시 "나는 행복하지 않아"라고 생각되던 시절이 있었다. 그때를 떠올리면 좋은 대학에 가면 행복할 텐데, 군대에 안 가면 행복할 텐데, 공무원이 되면 행복할 텐데, 로또 1등에 당첨되면 행복할 텐데 등등 항상 "~할 텐데"라는 가정이 붙어 있었다. 물론 지금 나열한 것들을 모두 이루어보지는 않았지만 확실하게 말할 수 있는 것은 그것들을 다 이루었다고 해서 나는 무조건적으로 행복하지는 않았을 것이다. 어떻게 확신하느냐면, 그것들을 이루지 않았기에 오히려 행복하기도 하며, 그것을 이룬 사람들이 꼭 행복한 것은 아님을 보아왔기 때문이다.

나는 공무원 수험을 오랜 기간 준비한 끝에 면접에서 탈락했을 때 너무나도 힘든 시간을 보냈지만, 지금 돌이켜보면 그 시간들이 있었기에 지금의 내가 있다. 그리고 내가 항상 하는 말이 있는데, 그때 나를 떨어뜨린 감독관을 만나면 진심으로 감사하다고 전하고 싶다. 그 덕분에 지금 나는 정말로 하고 싶은 일들을 하면서 소소하지만 확실한 행복으로 살아가고 있다고 해도 과언이 아니다. 함께 수험생활을 준비했던 지인들 중에서 합격자들을 몇 년 후에 만난 적이 있다. 본인이 그토록 간절히 원하던 공무원에 합격했음에도 간절했던 만큼 행복한 사람들을 본 적이 없다. 또한, 내가 지도했던 학생들 중에서 서울대 또는 본인이 원하는 대학에 진학했음에도 앞으로 취업 걱정을 하는 경우들을 많이 보았다. 물론 나의 경험들로 모든 것을 일반화할 수는 없지만, 나의 경우는 그렇다. 그래서 생각해 보았다. 그렇다면 나는 언제부터 행복감을 느끼고 있었을까?

바로 내 마음이 편해지기 시작했을 때부터였다. 언제부터 마음이 편했을까 찬찬히 생각해 보니, 이는 하루아침에 이루어진 것이 아니었다. 정말 다양한 루틴들을 지속했던 꾸준함의 결과라고 결론지을 수 있었다. 제일 먼저 수험의 실패를 겪은 나의 현실을 받아들이기 시작했고, 어떻게든 살아가야 한다는 의지를 다졌다. 그리고 나만의 정상에 올라가고 싶다는 열망으로 계속 찾아보고 고민하며 학습하면서 점점 자신과 나에 대한 확신이 들었다.

그러면서 마음이 편해지기 시작했다. 왜냐하면, 나는 잘 될 수밖에 없으며, 정상에 오를 것이고, 지금은 그저 그 과정을 묵묵히 수행하는 기간이기 때문이다. 한 마디로 이 과정이 지나면 정상에 오를 수밖에 없다는 믿음이 자리 잡은 것이다. 물론 정상에 오를 것이라는 기대감 때문에 행복한 것은 아니다. 그 기대감을 가지고 살아가고 있는 오늘이 행복한 것이다. 그리고 한 가지 깨달음 덕분이다. 바로 '그렇게 생각하는 것'이다. 내가 불행하다고 생각하면 불행한 것이고, 내가 행복하다고 생각하면 행복한 것이다. 누군가는 이것을 정신승리가 아니냐고 반문할 수도 있겠다. 하지만 정신

승리가 아니다. 지금까지 살아오면서 직접 겪은 경험에 의한 나만의 결론이다.

지금 생각해 보면, 행복하다고 생각하지 않았던 시절에 나만의 말버릇이 있었다. 다름 아닌 "짜증 나"라는 한 마디가 시도 때도 없이 모든 말에 수식어로 붙어 있었다. 뭐 만하면 그저 "짜증 나"라는 말을 뱉으며 내 얼굴 또한 인상 찌푸린 모습 그대로였고, 내 주변 모든 에너지는 마이너스로 물들고 있었다. 그러니 결과적으로 어떠했는가? "짜증 나"라고 온몸으로 생각하는 만큼 당연히 짜증 나는 일들만 반복되지 않았을까.

부정적 에너지는 결국 부정적 결과를 초래한다는 것을 내가 여실히 느낀 사례가 있다. 자동차 사고 트라우마로 10여 년 동안 운전대를 잡아보지도 못하다가 정말 큰 용기를 내어 연수를 받았다. 그리고 다시 나도 운전을 할 수 있겠다는 자신감으로 어머니를 모시고 근교에 드라이브를 가게 되었다. 항상 아버지가 조수석에서 코치를 해주셨던 것과 달리, 그날은 어머니와 둘이서만 이동하게 되어 나도 모르게 다시 긴장감이 몰려왔다. 그리고 계속 불안한 마음에 불안한 생각이 드는 것이 아닌가.

어찌어찌하여 목적지에 도착했고, 주변을 돌아본 후 점심 식사 시간이 되었다. 우리는 식사를 하고 갈지, 아니면 바로 집에 갈지를 고민하던 차였는데, 나는 여기까지 왔는데 식사도 못하고 가면 안 되겠다는 마음에 근처 식당에 주차했다. 주문하고 음식이 나왔는데 사람들이 갑자기 몰려들기 시작하자, 한산했던 식당이 어느새 바글바글해진 것이 아닌가. 뭔가 섬뜩한 느낌이 들어 주차장을 바라보니 순식간에 테트리스가 되어버렸다. 밥이 어디로 들어가는지 모를 정도로 나는 이미 머릿속에 "이곳에서 어떻게 나갈 수 있을까"라는 걱정만 앞섰다. "슬픈 예감은 틀리지 않는다"라는 말도 있지 않은가. 그렇다, 결국 운전에 미숙했던 나는 후진을 하다가 옆 차량을 긁고 말았다. 그것도 외제차를! 등줄기에는 식은땀이 흐르고 완전히 패닉 상태가 되어버렸다.

사고 처리를 하고 집으로 돌아오면서 떠오른 생각은 결국 '불안했던 마음이 바로 이것이었구나'라는 깨달음이었다. 결국, 내 마음이 현실화된 것이다.

뇌과학적으로 보았을 때, 우리의 뇌는 이상과 현실을 구분하지 못한다고 한다. 그렇기에 2002년 월드컵 슬로건인 "꿈은 이루어진다"라는 말도 그저 국민들의 간절한 소망이 아니라 뇌과학적으로 입증이 된 것이다. 그래서 나는 간절한 꿈을 이야기하기 시작했다. 그것이 바로 확언이다. 확언은 어떤 사실이나 믿음을 확실하게 단언하는 것을 의미한다. 이는 자신의 생각이나 신념을 명확하게 표현하고, 긍정적인 결과를 이끌어내기 위해 사용된다. 나는 긍정적인 확언을 반복하다 보니 자기 신뢰를 높이고 목표를 달성하는 데 도움이 되었다.

확언은 항상 긍정적인 표현으로 작성해야 한다. 예를 들어, "나는 스트레스를 받지 않는다"보다는 "나는 평온함을 유지한다"가 더 효과적이다. 뇌는 부정어를 인식하지 못하기 때문에 스트레스를 받지 않는다고 하더라도 뇌는 여전히 스트레스를 인식하는 것이다. 그러므로 '평온함'이라는 단어로 바꾸는 것이 더 효과적이다. 또한, 미래에 일어날 일을 말하는 것보다 현재 시제로 표현하는 것이 더 강력한 영향을 미친다. 미래는 아직 일어나지 않았기 때문에 오히려 부정적 감정을 더 불러일으킬 수 있다. 그러므로 "나는 성공하고 있다"라는 현재의 상태를 강조하는 것이 중요하다. 더 나아가 애매한 표현보다는 구체적인 목표나 감정을 담아 작성해야 한다. 예를 들어, "나는 건강해진다"보다는 "나는 매일 규칙적으로 운동하고 건강을 유지한다"가 더 효과적이다. 마지막으로, 확언은 지속적으로 반복함으로써 그 효과를 발휘하기 때문에 매일 아침이나 저녁에 반복적으로 읽거나 말하는 것이 좋다. 그래서 나는 매일 아침에 하루의 플래너를 작성하면서 꼭 나만의 확언을 글로 남기고 소리 내어 외치며 더 오래 기억하고 있다.

확언은 긍정적인 메시지를 통해 자신에 대한 신뢰와 확신을 높일 수 있으며, 매일 반복되는 긍정적인 생각은 스트레스와 불안을 줄이는 데 도움을 준다. 또한, 부정적인 사고를 긍정적으로 전환하여 목표를 향한 동기와 열정을 지속적으로 유지하면서 삶의 질을 향상시키는 데 큰 도움이 된다.

불안한 마음을 다독이는 가장 효과적인 방법은 긍정적인 심리적 루틴을 지속적으로 실천하는 것이다. 부정적인 생각을 긍정적으로 전환하고, 현재에 집중한다. 그리고 확언을 통해 자신을 믿음으로써 마음의 평온을 찾는다. 이러한 습관은 목표를 향한 동기와 열정을 유지하며, 삶의 질을 향상시키는 데 큰 도움이 된다. 지금 바로 이러한 루틴을 시작해 보자. 매일 아침과 저녁에 자신의 긍정적인 확언을 반복하며, 마음의 평온을 경험해 보기 바란다.

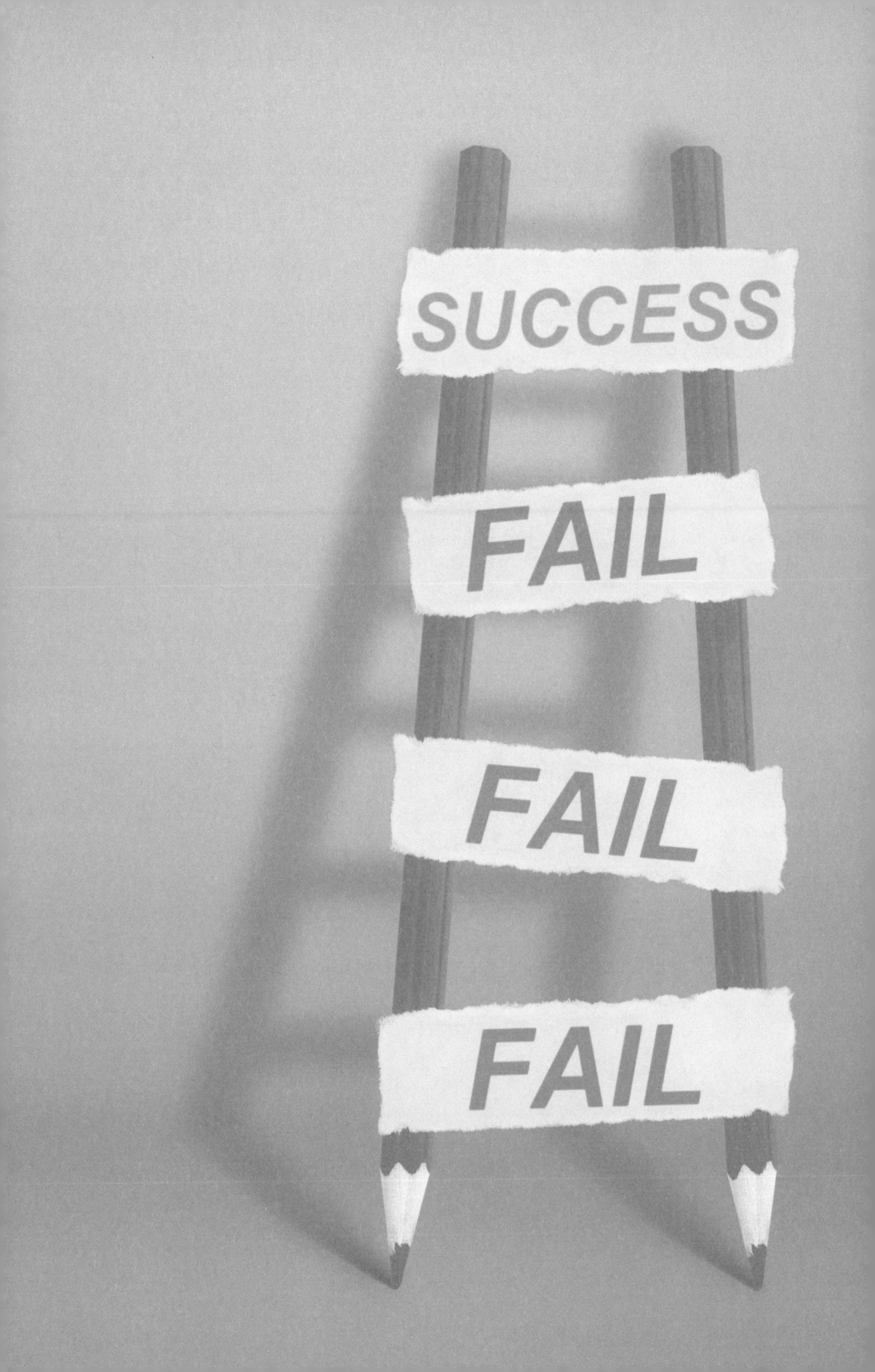
SUCCESS
FAIL
FAIL
FAIL

삶에서 맞닥뜨리는 어려움은 결코 피할 수 없는 현실이다.

하지만 그것을 어떻게 받아들이고,

어떤 마음으로 대처하느냐는 우리의 선택에 달려 있다.

그리고 한 가지는 분명하다.

끝까지 버티고 포기하지 않는 사람에게는

반드시 기회가 찾아온다는 것이다.

아버지의 암 치료 과정은 나와 우리 가족에게 있어

가장 힘들었던 순간 중 하나였다.

하지만 동시에 긍정의 힘과 포기하지 않는 마음이

얼마나 중요한지를 배우게 해준 값진 경험이기도 하다.

4부

버티는 사람에게
다가오는 기회들

새로운 도전이
더 큰 기회를 불러올 때

도전이라는 말을 들으면 어떤 생각이 드는가. 대부분의 사람들은 도전에 설렘보다는 무엇인가를 포기해야 하고 엄청난 각오를 다져야 한다는 부담감이 먼저 떠오를 것이다. 나 역시 그랬다. 그래서 도전이라는 단어는 늘 부담스럽게 느껴졌고, 안정주의자인 나에게는 새로운 것을 시작한다는 것이 너무 멀게만 느껴졌다. 익숙한 것이 좋았고, 익숙함 속에서 안정을 추구하며 살았다.

하지만 살아가면서 한 가지 깨달았다. 익숙함 속에서는 아무것도 변하지 않는다. 나의 한계를 마주하지 않는 한 변화는 오지 않는다. 결국, 나는 익숙한 것들과 결별하며 변화의 첫걸음을 내디뎠다.

나는 키에 비해 체중이 많이 나가는 편은 아니었지만, 어느 순간부터 뱃살이 눈에 띄게 늘어나기 시작했다. 주변 사람들은 "너도 이제 나이를 먹었구나"라며 웃어넘겼지만, 나는 이를 받아들일 수 없었다. 단순히 외모의 문제를 넘어서, 점점 무기력해지고 건강에도 적신호가 오는 듯한 느낌이었다. 드디어 변화를 선택해야 할 순간이 찾아왔다. 익숙한 생활 패턴을 벗어나 복근 운동이라는 새로운 도전에 나서야 했다. 편안함을 멀리하고 불편함을 가까이해야 한다는 것은 고통스러운 일이었다. 누구도 고통을 좋아하지 않는다. 우리의 뇌 또한 고통을 피하려고 설계되어 있다. 뇌는 에너지를 절약하기 위해 익숙한 행동을 선호하고, 새로운 시도를 할 때면 내면에서 끊임없이 "귀찮다", "그냥 지금 상태로도 괜찮아", "너무 힘들잖아" 같은 목소리가 들려왔다. 하지만 나는 깨달았다. 세상이 공짜는 없더라. 불편함을 조금씩 받아들이면서 비로소 새로운 삶의 문이 열리기 시작했다.

쇼펜하우어는 "인생은 고통이다"라고 말했다. 나 역시 새로운 환경을 받아들이기까지 오랜 시간이 걸렸다. 하지만 받아들이고 나니, 내 삶의 이야기가 조금씩 변하기 시작했다. 독학관리학원의 담임으로서 안정감을 갖고 학생들을 지도하기 시작했지만, 나에게는 또 다른 도전이 남아 있었다. 나는 문과 출신으로, 수학과 과학에 취약했다. 그런데 학원에는 의대, 치대, 약대, 한의대를 목표로 하는 이과 학생들이 점점 늘어났다. 이들과 효과적으로 소통하기 위해서는 최소한 과학 과목에 대한 기본적인 이해가 필요했다.

그래서 나는 과학 과목 중 비교적 접근하기 쉬운 지구과학을 선택해 공부를 시작했다.

　퇴근 후에는 EBS 강의를 듣고 교재를 반복해 읽으며 지구과학의 기본 개념을 이해하려고 노력했다. 익숙한 저녁의 휴식 대신 불편함을 선택한 것이다. 처음에는 정말 아무것도 이해되지 않았다. '이게 무슨 말이지?'라는 의문과 '왜 내가 이런 걸 해야 하지?'라는 불만이 머릿속에 가득했다. 좌절감이 몰려와 포기하고 싶었던 순간도 많았다. 하지만 반복하고 또 반복하다 보니 귀가 열리며 점점 중요한 포인트가 보이기 시작했다.

　그렇게 쌓은 작은 성취는 학생들에게도 긍정적인 영향을 미쳤다. 내가 퇴근 후 지구과학을 공부하고 있다는 소식을 들은 학생들은 내게 도전장을 내밀었다.

　"선생님, 우리랑 모의고사 점수 내기 한 번 해요!"

　우리는 점수 대결을 통해 학습의 재미와 동기를 더했다. 이런 작은 도전은 학생들에게도 동기부여가 되었고, 나의 진심이 학생들에게 전해지는 계기가 되었다. 학생들은 "다음엔 제가 선택한 과목으로도 내기를 해주세요"라며 먼저 제안하기도 했다. 나는 이런 학생들의 모습에서 보람을 느꼈고, 나의 작은 도전이 학생들에게 새로운 자극이 된다는 사실에 더 큰 책임감을 느꼈다.

　수능이 다가오면 학생들은 긴장과 두려움에 사로잡히기 쉽다. 오랜 시간 동안 준비해온 시험이기에 더더욱 실수하지 않으려는 마음이 크다. 그러나 그 긴장감이 오히려 집중력을 떨어뜨릴 수 있기에, 나는 학생들이 조금이라도 마음의 부담을 덜고 자신감을 가질 수 있도록 '수능 10계명'을 만들어 배포했다. 이 작은 카드는 실질적인 도움을 주며 학생들에게 마지막 순간까지 최선을 다할 수 있는 동기를 제공했다.

1. 시험 준비를 확인하고 챙기자

수험표, 신분증, 아날로그 시계, 필기구, 도시락 등 필수 준비물을 반드시 확인하고 챙기자. 시험 당일에 준비물이 부족해 발생하는 불안은 충분히 예방할 수 있다.

2. OMR 마킹에 신경 쓰자

무조건 컴퓨터용 사인펜만 사용하고, 마킹할 때는 꼼꼼히 확인하자. 작은 실수가 큰 결과를 초래할 수 있으니, OMR 마킹은 시험의 마지막까지도 신중을 기해야 한다.

3. 막히는 문제는 과감히 넘기자

어려운 문제에 너무 오래 매달리지 말고, 별표를 표시한 뒤 다음 문제로 넘어가자. 시간을 효율적으로 사용하는 것이 고득점의 비결이다.

4. 국어 시험은 침착하게

글이 어렵게 느껴지더라도 당황하지 말고 침착하게 풀어나가자. 국어 한 과목이 수능의 전부는 아니다. 어려운 문제가 나왔다면, 다른 학생들에게도 똑같이 어렵다. 탐구 과목까지 집중력을 유지할 수 있도록 스스로를 다독이자.

5. 쉬는 시간

지나간 시험은 깨끗이 잊고, 다음 과목만 생각하자. 쉬는 시간은 다음 시험을 준비하기 위해 전략적으로 사용해야 한다.

6. 수학은 전략적으로 접근하자

10번대 문제에서 막히면 당황하지 말고, 쉬운 문제부터 해결하자. 모든 문제를 차례대로 풀 필요는 없다. 자신 있는 문제부터 빠르게 풀어나가는 것이 중요하다.

7. 점심시간

시험 이야기는 피하고, 에너지를 회복하며 다음 과목 준비에 집중하자. 점심시간은 중요한 에너지를 보충하는 시간이다. 긴장보다는 차분한 마음으로 오후 시험에 대비하자.

8. 영어 듣기는 집중력을 잃지 말자

문장이 이해되지 않을 때 당황하지 말고, 들리는 단어와 문맥에 집중하자. 듣기 평가에서는 집중력이 가장 큰 무기이다.

9. 한국사와 탐구 과목은 에너지 관리가 중요하다

탐구 과목에 들어가기 전, 잠시 휴식을 취하거나 가벼운 스트레칭으로 집중력을 되찾자. 피로를 줄이고 새로운 에너지를 채워 넣는 것이 마지막까지 집중력을 유지하는 비결이다.

10. 끝까지 포기하지 말자

낯선 유형에 당황하지 말고, 익숙한 문제부터 차근차근 풀어가자. 모든 문제를 다 풀어야 한다는 부담보다는, 내가 할 수 있는 문제부터 확실하게 해결하겠다는 마음으로 임하자. "나는 할 수 있다"라는 주문을 스스로에게 끊임없이 외치며 끝까지 포기하지 않는 것이 가장 중요하다.

이와 함께, 학생들에게 마지막으로 이렇게 당부했다.

"긴장해도 괜찮아요. 지금까지 노력한 만큼 결과가 나올 겁니다. 최선을 다하고 나머지는 하늘에 맡기세요. 완벽하지 못하다는 것이 멈춰야 할 이유가 아닙니다. 끝날 때까지 끝난 게 아니에요. 마지막 순간까지 자신을 믿고 최선을 다해봅시다. 그리고 주문을 외우세요. 나는 할 수 있다! 나는 할 수 있다! 나는 할 수 있다!"

이 10계명은 작은 카드로 직접 제작하여 학생들에게 배포했으며, 시험 전날에는 응원의 메시지를 함께 전달했다. 많은 학생들은 이를 통해 긴장을 덜고 자신감을 되찾았다며 고마움을 표현했다. 그들의 긍정적인 피드백은 나에게도 큰 힘이 되었고, 이런 작은 노력들이 학생들에게 실질적인 도움이 되었음을 실감하게 했다.

나는 단순히 카운터에서 잔소리를 하는 관리자가 아니었다. 실패를 경험한 선배로서 진심을 다해 학생들에게 다가갔다. 한 학생은 "선생님은 제 고3 담임 선생님보다 더 담임 같아요"라며 감사의 마음을 전했다. 그 말은 나에게 큰 힘이 되었고, 내가 하고 있는 일에 대한 자부심을 갖게 해주었다.

이러한 노력과 진심은 주변의 입소문으로 이어졌다. 별다른 마케팅 없이도 학원은 학생들과 학부모님들 사이에서 신뢰받는 곳이 되었다. 학생들의 성취는 나에게도 큰 자극이 되었고, 더 큰 목표를 향한 용기를 북돋아 주었다.

한 학생은 감사의 편지에서 "제가 재수를 시작하기 전과 중간에도 많이 약한 멘탈의 소유자였는데, 선생님과의 상담과 응원 덕분에 단단한 사람이 되었습니다"라고 말했다. 이 편지는 내가 얼마나 많은 학생들에게 긍정적인 영향을 미쳤는지를 실감하게 해주었다.

내가 한 도전들은 크지 않았다. 하지만 그 작은 도전들이 쌓여 나를 성장시켰고, 더 큰 기회를 만들어주었다. 익숙함에서 벗어나 불편함을 받아들이는 과정은 고통스러웠지만, 그 고통은 나를 더 단단하게 만들어주었다. 끝까지 포기하지 않고 노력하는 사람에게는 반드시 기회가 찾아온다는 사실을 내 삶이 증명해 주었다.

진심과 노력이 만들어낸 작은 성취들은 결국 큰 변화를 불러왔고, 이는 나에게 새로운 도전과 기회를 선물했다. 익숙한 것들과 결별하며 겪은 고통은 나를 성장하게 해주었고, 더 많은 사람들에게 긍정적인 영향을 미칠 수 있는 원동력이 되었다. 내가 만난 고통은 더 큰 기회를 가져왔고, 그 고통은 나를 한 단계 더 성장하게 해주었다.

끝까지 버티는 사람만이 진정한 기회를 잡을 수 있다. 이 이야기가 여러분에게도 작은 용기와 동기를 줄 수 있기를 바란다.

어려움 속에서도
포기하지 않는 마음

삶은 때로 우리가 예상치 못한 어려움으로 가득 차 있다. 그 순간이 찾아오면 하늘이 무너지는 듯한 절망감을 느끼기도 한다. 하지만 그런 순간에도 끝까지 버티고 포기하지 않는 마음이 있다면, 우리는 반드시 그 어려움 속에서도 새로운 가능성과 기회를 발견할 수 있다. 이번 글에서는 아버지의 암 진단과 《미라클 모닝》의 저자 할 엘로드의 경험을 통해 어려움 속에서 포기하지 않는 마음이 얼마나 중요한지 이야기하고자 한다.

2023년 말, 아버지께서 혈뇨 증상을 보이며 집 근처 병원을 찾으셨다. 몇 차례의 검사를 진행하고 결과를 기다리는 동안 우리 가족은 '별일 아니겠지'라며 대수롭지 않게 생각했지만, 큰 병원에서 정밀 검사를 받아보라는 의사 선생님의 소견을 들었을 때는 가족

모두가 놀랐다. 급하게 큰 병원을 알아봤지만, 당시에는 대학병원 예약과 일정 조율 문제로 진료를 미루게 되었고, 결국 새해가 되어서야 검사를 받을 수 있었다. 2024년 초, 정밀 검사 결과는 전립선암이었다. 정말 청천벽력 같은 소식이었다. 의사 선생님께서는 암 중에서도 완치 가능성이 높은 편이니 치료를 잘 받으면 된다고 하셨다. 너무 절망하지 말라는 위로였지만, 현실은 머리로 이해하는 것과 가슴으로 받아들이는 것 사이의 괴리감이 너무나도 크게 다가왔다. 아버지께서도 당황한 기색이 역력하셨지만, 겉으로나마 덤덤하게 받아들이시는 모습을 보자니 아들로서 너무 마음이 아팠다.

전립선암이라는 진단을 받은 후, 우리 가족은 단순히 암이라는 것에 좌절하거나 두려움에 머무르지 않기로 다짐하고 현실을 받아들였다. 그 당시에는 정밀 검사가 의료계 파업으로 인해 지연되면서 6개월을 기다려야 했지만, 그 시간 동안 무력감에 빠지지 않기 위해 우리는 할 수 없는 것이 아닌, 할 수 있는 것들에만 초점을 두는 노력을 했다. "초기에 발견된 것이 얼마나 다행인지 모른다", "수술을 통해 더 건강해질 수 있을 것이다"라는 긍정적인 마음가짐과 가족들의 대화는 이 과정에서 중요한 역할을 했다. 마음으로 아버지를 위로하며 스스로도 위로했다. 부정적인 생각에 휩싸이지 않으려 노력했고, 현실을 인정하면서도 희망을 놓지 않았다.

6개월 후, 아버지의 수술이 진행되었다. 수술실 앞에서 아버지와 헤어지던 순간, 아버지는 나에게 "다녀올게"라며 웃으며 나에게 하이파이브를 건네셨다. 그 모습은 나에게 안도감을 주었지만, 막상 아버지가 수술실로 들어가신 뒤에는 갑자기 마음이 무너지는 듯 어찌할 바를 몰랐다.

수술실 앞을 배회하며 진행 과정 전광판만 뚫어져라 쳐다볼 수밖에 없었다. 그 순간, 나는 스스로에게 물었다.

"지금 내가 할 수 있는 것은 무엇인가?"

감정에 휩싸여 있는 대신 이성적으로 행동하기로 했다. 병원에서 요청한 준비물을 구입하고, 나는 근처 식당으로 발걸음을 옮겼다. 식사를 하며 스스로를 추스르려 노력했다. 처음에는 이 상황에서 밥이 들어갈까 싶었지만, 새벽부터 한 끼도 먹지 못한 상황이었고 또 내가 기운을 차리지 못하면 수술 이후의 병간호도 제대로 할 수 없는 상황이었기에 감성보다는 이성적으로 판단하려고 노력했다.

수술은 성공적이었다. 이후 재활 과정을 통해 아버지의 건강은 점차 회복되었고, 지금은 일상생활도 큰 무리 없이 하고 계신다.

《미라클 모닝》의 저자 할 엘로드는 심각한 교통사고로 목숨을 잃을 뻔한 경험을 했다. 그는 사고 후 장애를 입었고, 삶의 의욕을 잃은 채 깊은 우울증에 빠지기도 했다. 그러나 그는 그 상황에서도 포기하지 않고, 매일 아침 자신의 삶을 조금씩 바꾸기 위한 작은 행동들을 시작했다.

그의 방식은 간단했다. 매일 아침 명상, 운동, 독서, 글쓰기, 긍정적인 확언을 실천하며 자신의 상태를 조금씩 개선해 나갔다. 처음에는 이런 변화가 큰 효과를 가져오지 않을 것처럼 보였다. 하지만 그는 매일 반복되는 작은 행동이 결국 삶의 방향을 바꿀 수 있음을 증명해냈다. 그는 자신의 경험을 바탕으로 베스트셀러《미라클 모닝》이라는 책을 집필하며 많은 사람들에게 자신의 방법을 공유했다. 할 엘로드는 "하루를 어떻게 시작하느냐에 따라 그날의 모든 것이 달라진다"라고 말했는데, 그의 이야기는 작은 행동의 반복과 끝까지 버티는 힘이 얼마나 큰 변화를 만들어내는지 보여준다.

　아버지의 암 투병 과정과 할 엘로드의 이야기는 서로 다른 환경 속에서의 경험이지만, 둘 다 공통적으로 어려움 속에서도 포기하지 않고 끝까지 나아갔다는 점에서 닮아있다. 아버지의 암 진단과 치료 과정은 우리 가족에게 많은 것을 가르쳐 주었다. 특히, 어려움 속에서도 끝까지 포기하지 않는 마음이 얼마나 중요한지 깨달았다. 초기에 암을 발견할 수 있었던 것, 수술이 성공적으로 진행된 것, 그리고 재활을 통해 건강을 회복할 수 있었던 것은 모두 긍정적인 태도와 포기하지 않는 마음 덕분이었다. 할 엘로드의 삶 또한 극한의 어려움 속에서 시작된 작은 실천들이 모여 놀라운 변화를 이뤄낼 수 있음을 보여주는 사례이다.

　인간의 뇌는 꿈과 현실을 구분하지 못한다고 한다. 우리가 생각하는 대로 현실이 만들어진다는 말이다. 그래서 우리는 부정적인 생각 대신 긍정적인 마음을 유지하며 중심을 잡아야 하며, 그 결과는 우리의 기대를 뛰어넘는 기회와 회복으로 이어질 것이다.

삶에서 맞닥뜨리는 어려움은 결코 피할 수 없는 현실이다. 하지만 그것을 어떻게 받아들이고, 어떤 마음으로 대처하느냐는 우리의 선택에 달려 있다. 그리고 한 가지는 분명하다. 끝까지 버티고 포기하지 않는 사람에게는 반드시 기회가 찾아온다는 것이다. 아버지의 암 치료 과정은 나와 우리 가족에게 있어 가장 힘들었던 순간 중 하나였다. 하지만 동시에 긍정의 힘과 포기하지 않는 마음이 얼마나 중요한지를 배우게 해준 값진 경험이기도 하다.

포기하지 않고 상황을 긍정적으로 받아들이며 한 발 한 발 나아갈 때, 삶은 반드시 더 나은 방향으로 흘러간다. 어려움은 끝이 아니다. 그것은 새로운 시작을 알리는 작은 계기일 뿐이다. 어떤 상황에 있더라도 포기하지 않고 끝까지 나아간다면, 그 너머에는 분명 새로운 기회가 기다리고 있을 것이다. 지금 이 글을 읽는 당신도 인생의 어려움 앞에 서 있다면 기억하길 바란다. 끝까지 버틴 사람에게는 반드시 기회가 찾아온다는 것을. 삶은 그 자체로 도전이지만, 포기하지 않는 마음으로 맞선다면 그 끝은 반드시 빛날 것이다.

인연과 기회가
찾아오는 순간들

버티며 나아가는 시간은 때로 무척 고통스럽다. 하지만 이 과정에서 우연히 마주하는 인연과 기회는 우리의 시야를 넓히고, 새로운 가능성을 열어주며, 때로는 예상치 못한 방향으로 우리를 이끌어준다. 예를 들어, 과거에는 이름난 교수나 명망 있는 강사만이 강단에 설 수 있다고 여겨졌던 시대가 있었다. 그러나 이제는 직접 부딪히고 실패하며 깨달은 경험을 바탕으로 자신만의 이야기를 전하는 사람들이 곳곳에서 등장하고 있다. 그들은 자신의 시행착오와 성장 과정을 나누며 서로를 격려하고 이끌어간다. 나 역시 이러한 흐름 속에서 자연스럽게 소중한 사람들을 만나 몰랐던 길을 발견하고 더 높은 곳으로 오를 수 있는 발판을 마련했다.

오랜 시간 동안 함께 견뎌낸 친구들은 단순한 지인을 넘어 전우

와도 같았다. 10년 전, 모두 남성으로만 구성된 공무원 시험 스터디 모임에서 우리는 공통된 목표를 가지고 뭉쳤다. 매일 아침 일찍부터 저녁 늦게까지 이어진 공부 시간은 결코 쉽지 않았다. 그러나 그 과정에서 우리는 서로에게 의지하며 힘든 순간들을 극복할 수 있었다.

처음 스터디가 결성되었을 때는 서로 어색했지만, 점차 공통된 목표와 어려움을 공유하면서 깊은 유대감을 형성했다. 시험 준비 과정에서 겪는 스트레스와 피로는 때때로 우리를 지치게 했지만, 스터디원들은 언제나 든든한 응원군이 되어주었다. 늦은 밤까지 이어진 시험 후의 이야깃거리, 서로의 부족한 부분을 채워주는 학습 팁, 그리고 가끔 소소한 일탈로 볼링을 치며 웃음으로 풀어낸 스트레스는 우리를 더욱 끈끈하게 만들었다.

비록 모든 스터디원이 공무원 시험에 합격하지는 못했지만, 그 시절 함께 보낸 시간과 쌓인 경험은 지금도 우리의 삶에 큰 힘이 되고 있다. 단순한 선후배 사이를 넘어 인생의 중요한 순간을 함께 나눈 동반자가 되었고, 그 인연은 시간이 흘러도 변치 않는 소중한 기억으로 남아 있다. 우리는 지금도 주기적으로 만나 서로의 성장을 진심으로 응원하고 있다. 또한 앞으로도 계속해서 서로의 삶을 격려하고 지지해 나갈 것이다.

인생의 방향을 잃고 좌절하던 시기, 독학관리학원 원장님과의 만남은 내 삶에 커다란 전환점을 가져다주었다. 당시 나는 수험생활에 지쳐 혼자만의 힘으로 버티기 어려운 상황에 처해 있었다. 그러던 중 주말 아르바이트로 일하던 독학관리학원에서 원장님을 만났다. 원장님은 내 열정과 노력을 알아보시고, 이력서 하나 없이도 정식 직원으로 채용해 주셨다.

처음에는 수험 실패에 대한 실망과 관리자라는 직업에 대한 두려움이 있었지만, 원장님의 따뜻한 배려와 믿음 덕분에 새로운 시작을 할 수 있었다. 원장님은 내 의견에 항상 귀 기울여 주셨고, 학생들을 효과적으로 지도할 수 있는 다양한 여건을 마련해 주셨다. 학원에서의 안정된 생활은 나에게 큰 위안이 되었고, 이를 바탕으로 수험생들을 진심으로 도울 수 있는 동기를 부여받았다.

학원에서 일하면서 나는 학생들의 고충을 이해하고, 그동안의 실패 경험을 솔직하게 나누며 공감하는 법을 배웠다. 학생들과의 진솔한 대화는 나 자신도 아픔을 치유하는 과정이 되었고, 새로운 길을 모색할 수 있는 용기를 주었다. 독학관리학원이라는 울타리 아래에서, 나는 단순히 지도하고 가르치는 것을 넘어, 학생들이 자신감을 되찾고 각자의 목표를 향해 나아갈 수 있도록 돕는 역할을 자부하게 되었다. 그 과정을 통해 나는 개인적으로도 성장할 수 있었으며, 인생의 새로운 방향을 설정할 수 있었다.

나는 이제 단순히 지식을 전달하는 것을 넘어, 청중의 입장에서 생각하며 성장의 길을 제시하는 '강사'라는 역할에 도전하고자 한다. 과거 학생들에게 한국사 특강을 하며 지식 전달에만 급급했던 한계를 벗어나기 위해 나는 HD행복연구소의 조벽 교수님 강의법 과정을 수강했다. 고려대 석좌교수이자 EBS 선정 10대 명강사인 교수님의 수업은 단순한 강의 기술을 넘어 '강사로서의 철학'을 세우는 데 큰 도움을 주었다. 이틀간 진행된 강좌를 통해 나는 지식 전달자가 아닌 '배움의 조력자'로 거듭나는 길을 모색할 수 있었다.

그 과정에서 인연은 또 다른 형태로 다가왔다. 연구소 숙박동 '사랑채'에 머무르며 지방에서 올라온 선생님들과 식사하고 대화를 나누는 동안, 독서 심리치료를 전공하고 작가로 활동하시는 선생님을 만났다. 만해 한용운 신인문학상 수상 경력까지 지닌 그 선생님은 제자들에게도 책을 쓰도록 독려하는 열정 가득한 분이었다. 책 집필을 준비 중이라고 말씀드리자, 내게도 진심 어린 조언과 응원을 아낌없이 주셨다. 이 만남은 단순히 정보를 주고받는 차원을 넘어, 새로운 길에 도전하는 내 인생의 또 다른 가능성을 보여준 뜻깊은 경험이었다.

나에게 독서의 재미를 알게 해준 북오름이라는 소모임이 있다. 코로나 시절에 책을 읽기 시작했지만, 같은 책을 읽어도 혼자보다는 다른 사람들의 이야기를 듣고 나누고 싶었다. 이리저리 알아보던 끝에 집 주변에서 내가 찾는 모임을 발견했고, 함께한 지도 어느새 3년째 접어들었다. 특히 나는 자기계발 위주의 독서 편식이 심했는데, 이 모임에 활동하며 평소 어려워하던 고전이나 문학 작품들도 다수 섭렵할 수 있었다. 똑같은 책을 읽었음에도 다양한 관점에서 나오는 이야기들은 나에게 깊은 고찰과 깨달음을 안겨주었다. 또한, 독서 토론뿐만 아니라 회원들과 소통하며 소중한 추억도 많이 만들 수 있었다.

2024년, 어려워진 학원 운영 환경 속에서 나는 새로운 기회를 찾기 위해 블로그 마케팅과 자기계발에 뛰어들었다. 동종업계 커뮤니티에서 소통하며 정보를 나누던 중, 같은 지역 원장님으로부터 봄들애인문연구소의 토요일 오전 7시 독서 모임 초대를 받았다. 처음엔 긴장과 반신반의 속에 찾아간 그곳에는 약 30명의 성인들이 모여 책에 대한 생각을 나누고 토론하며 성장하고 있었다. 이곳은 단순한 독서 모임이 아닌, 배움과 대화를 통해 삶을 재정비하는 '학습 공동체' 그 자체였다.

봄들애인문연구소는 성인 대상 자기계발 독서 모임뿐 아니라, 학생들을 위한 하브루타 교육까지도 실천하며 진정한 의미의 '배움의 장'을 구현하고 있었다. 나는 이곳에서 독서와 대화를 통해 다른 사람들의 시각과 경험을 접했고, 이를 통해 내 가치관과 비전을 더욱 다듬고 확장할 수 있었다. 생각지 못했던 시기에, 생각지 못했던 사람들을 만나며 나는 또 한 번 소중한 인연과 기회의 가치를 깨닫게 되었다.

돌이켜보면, 나는 유년 시절부터 지금까지 언제나 적절한 시점에 귀한 사람들을 만나왔다. 수험생활의 동기들, 진심을 주고받은 학생들, 강사 과정에서 만난 전문가들, 봄들애인문연구소의 선배와 동료들, 그리고 생활 곳곳에서 마주친 따뜻한 손길들까지. 이들은 모두 내가 버티는 과정에서 지치지 않도록 나를 붙들어 주었고, 때로는 더 나은 곳으로 나아갈 문을 열어주기도 했다.

버티는 시간은 단순히 힘겨운 인내가 아니라, 인간관계라는 토양 속에서 가능성과 비전을 키워나가는 시간이기도 하다. 그 과정에서 찾아온 인연들은 일시적인 위로나 순간적인 도움이 아닌, 앞으로의 삶을 더욱 풍요롭게 해줄 밑거름이 된다.

결국, 버티는 과정에서 만난 이 귀한 사람들 덕분에 나는 새로운 시도를 이어갈 수 있는 힘을 얻었고, 앞으로 어떤 도전과 어려움이 다가오더라도 이 인연들이 내게 남긴 깨달음과 용기가 든든한 디딤돌이 될 것이다. 이처럼 버티는 동안 맺어진 인연들은 우리 삶을 한 단계 성장시키는 중요한 자산이다. 그들은 기회가 꽃피울 수 있는 비옥한 땅을 마련해 주며, 우리가 더 높이 도약할 수 있도록 도와준다. 인연과 기회가 자연스럽게 녹아든 이 여정은 결국 앞으로 나아가는 발걸음에 끊임없는 동력을 불어넣는 소중한 선물이 된다.

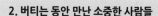

관계와 기회를
놓치지 않는 마음가짐

"함께 있으면 위로가 되고 힘이 되는 사람들과 함께하는 시간을 많이 만드십시오. 동일한 영적 가치에 삶의 토대를 두고 있는 사람들과 정기적으로 만날 때 당신의 삶에 도움이 됩니다."

- 에크낫 이스워런, 〈마음의 속도를 늦춰라〉

나는 항상 긍정적인 에너지와 용기를 주는 올바른 태도의 사람이 되고자 노력해왔다. 또한, 그러한 사람들과 정기적으로 모임을 가지며 서로의 목표와 인생에 대해 이야기를 나누곤 한다. 각자가 가진 긍정적인 에너지가 모이면 삶에 활력이 넘치는 시너지 효과가 나타난다. 나는 혼자서 목표를 이루기 위해 고군분투할 때보다, 서로를 지지하고 격려해주는 사람들과 함께함으로써 더 큰 힘과 용기를 얻을 수 있었다.

어릴 적부터 내성적인 성격으로 인해 낯을 많이 가렸다. 새로운 환경에 노출되거나 새로운 만남은 항상 나에게 오랜 적응기가 필요했다. 개인적인 생활에서는 그럴 수 있었지만, 사회생활에서는 전혀 적용되지 않았다. 오랜 적응기가 필요할수록 아이러니하게도 부적응자로 보여지는 것이 사회였다.

나의 첫 번째 직업인 독학 관리 담임도 예외는 아니었다. 학원을 등록하고 처음 오는 학생들은 나보다 더 새로운 환경에 어색할 텐데, 학습 관리를 받으러 온 학생들에게 나의 낯가림을 일일이 설명하며 천천히 다가갈 수는 없는 노릇이었다. 그래서 먼저 마음의 문을 열고 다가가기 시작했다.

"마음의 문을 여는 손잡이는 마음의 안쪽에만 달려 있다."

- 게오르크 헤겔

누군가와 친구가 되고 싶다면, 그 사람이 다가와 줄 때까지 기다리지 말고 용기 있게 다가가서 말을 건네라는 의미로 해석할 수 있다. 어쩌면 그 사람도 나를 기다리고 있었을지도 모른다. 나는 학생들과 진심으로 소통하고 싶었기에, 과거의 나로부터 벗어나고자 용기를 내기 시작했다. 먼저 마음의 문을 활짝 열고 학생들에게 다가간 방법은 다름 아닌 이름을 불러주는 것이었다. 이름을 사용하면 대화가 더욱 개인적이고 직접적으로 느껴진다. 이는 의사소통의 효과를 높이고, 상대방이 더 적극적으로 참여하도록 유도한다.

프린스턴 대학의 연구에 따르면, 자신의 이름을 들을 때 뇌의 특정 영역이 활성화된다고 한다. 이는 이름이 개인의 정체성과 깊이 연관되어 있음을 시사한다. 이름을 들을 때 뇌는 자아 인식을 활성화시키며, 이는 개인에게 중요한 정보를 제공한다. 또한, 심리학자들이 수행한 여러 연구에서도 이름을 기억하고 사용하는 것이 상호 신뢰를 증진시키고, 긍정적인 첫인상을 형성하는 데 중요한 역할을 한다는 것이 밝혀졌다. 예를 들어, 하버드 비즈니스 리뷰에서는 이름을 기억하고 사용하는 것이 고객 만족도와 충성도를 높이는 데 기여한다고 보고했다.

학생들의 이름을 외우는 나만의 방법은 두 가지가 있다. 먼저 등록 명단을 수시로 보면서 눈에 익숙하게 만들고, 그 학생이 등원하면 얼굴과 이름을 매치시킨다. 물론 익숙해지는 데 시간이 걸리기 때문에 처음에는 헷갈려서 다른 이름을 부르기도 하고, 또 다른 학생과 착각을 하기도 한다. 그럴 때는 학생들에게 이름을 외우는 중이니 며칠만 기다려 달라고 양해를 구하면 모두들 흔쾌히 기다려주었다. 이름을 외운 후, 나는 매일 아침 학생들이 엘리베이터에서 내려 학원 문을 열고 들어오는 순서대로 한 명 한 명 이름을 불렀다. 그리고 "좋은 아침이야, 어서 와"라고 항상 먼저 인사를 건넸다. 이름을 불러주는 것은 개인의 정체성을 존중하고, 상호 간의 신뢰와 친밀감을 형성하는 데 중요한 역할을 했다. 그 덕분에 나 역시도 학생들과 효율적인 소통을 할 수 있었고, 빠르게 다가가며 긍정적인 관계를 형성할 수 있었다.

누군가 자신의 이름을 불러주는 행위는 단순한 호칭 이상의 의미를 지닌다. 이름은 개인의 정체성을 나타내는 중요한 요소로, 이를 불러주는 행위는 그 사람을 인지하고 존중한다는 신호로 해석된다. 또한, 이름을 부르는 것은 상대방에게 관심을 기울이고 있다는 표현이며, 이는 상호 간의 유대감을 형성하는 첫걸음이다.

이 말을 이해하기 시작한 지는 얼마 되지 않았다. 스스로 내 이름을 부르는 것조차 어색했고, 내 이름의 의미조차 깊게 생각해 본 적이 없었다. 그러던 어느 날, 새로운 배움의 자리에서 자기 소개를 해야 하는 상황이 있었다. 다름 아닌, 본인의 이름에 대해서 이야기를 해야 하는 것이었다. 어떻게 해야 하나라는 생각을 하고 있을 무렵, 먼저 소개를 시작한 분들은 한 명 한 명 모두 자신의 이름을 한자로 풀이하며 설명하는 것이 아닌가. 나도 그분들을 따라서 나의 이름, 그러니까 한자를 하나하나 뜯어 보았다. 밝을 병, 배울 학. 풀어보니 배워서 밝히라는 의미였다. 곰곰이 생각해 보니 나는 지금도 무언가를 배우기 위해 이 자리에 왔구나. 결국, '배움을 통해 나를 밝히고 세상을 밝히는 사람이 되라는 의미로 지어주신 것이구나'라는 할머니의 깊은 뜻을 그제야 알게 되었다.

그 이후로 나는 내 이름을 이야기할 때는 항상 한자를 풀어서 설명하곤 한다. 그중에서 기억에 남는 일화가 있다. 부시파일럿으로 유명하시며 최근 《행동력 수업》이라는 책을 집필하신 오현호 작가님의 강연회에 참석했을 때의 일이다. 생각을 행동으로, 행동을 습관으로 만드는 작가님의 수많은 도전적인 이야기들을 감명 깊게 듣고 나서 질의 응답 시간이 다가왔다. 나는 용기를 내어 손을 들고 작가님과 많은 청중들이 보는 앞에서 자기소개이자 선언을 했다.

"저는 질문이 아니라 작가님께 부탁이 있습니다. 제 이름은 밝을 병, 배울 학으로 배워서 세상을 밝히라는 의미이며, 현재 그렇게 살아가고 있습니다. 저 또한 저만의 책을 집필하고자 하는데, 완성되면 꼭 찾아뵐 테니 제 이름을 기억해주시겠습니까?"

앞서 말했듯이 나는 너무나도 내성적인 성향의 사람이다. 그래서 대중 앞에 나선다는 것은 정말 어렵게 용기를 내는 것이기에 그 당시를 되돌아보면 너무 긴장한 나머지 목소리조차도 떨렸던 기억이다. 그럼에도 불구하고 나는 내 이름을 당당하게 밝히며 다른 사람들의 시선과 관심을 한몸에 받았다. 그리고 당연히 작가님께도 기억하시겠다는 답변을 받을 수 있었다.

관계와 기회를 놓치지 않는 마음가짐은 우리의 삶에서 중요한 역할을 한다. 먼저, 소중한 인연을 유지하고 발전시키기 위해서는 꾸준한 관심과 노력이 필요하다. 예를 들어, 내가 독학 관리 담임 업무를 수행하면서 학생들과 가까워지기 위해 노력했던 것처럼, 작은 실천들이 모여 큰 변화를 이끌어 낸다. 특히, 이름을 기억하고 불러주는 것은 신뢰와 친밀감을 형성하는 데 큰 도움이 된다. 이는 상대방에게 존중과 관심을 표현하는 효과적인 방법이다.

또한, 긍정적인 인연을 유지하기 위해서는 열린 마음과 적극적인 소통이 필요하다. 내가 학생들과 진심으로 소통하고자 마음의 문을 열고 다가갔던 것처럼, 다른 사람들과의 관계에서도 진정성을 가지고 다가가는 것이 중요하다. 이를 통해 우리는 더 깊은 유대감을 형성할 수 있으며, 이는 어려운 상황에서도 서로를 지지하고 격려할 수 있는 기반이 된다.

기회를 놓치지 않기 위해서는 항상 준비된 자세를 유지하는 것이 필요하다. 예상치 못한 기회는 언제든지 찾아올 수 있으며, 이를 잡기 위해서는 열린 마음과 유연한 사고가 요구된다. 내가 만난 소중한 사람들과의 인연을 통해 새로운 기회를 발견하고, 이를 내 것으로 만들 수 있었던 것처럼, 관계와 기회를 놓치지 않는 마음가짐은 우리의 삶을 더욱 풍요롭고 의미 있게 만든다. 작은 실천과 진정성 있는 노력이 모여 소중한 인연을 형성하고, 이는 예상치 못한 기회로 이어진다. 버티는 동안 만난 소중한 사람들과의 인연은 우리의 성장과 발전에 큰 영향을 미치며, 앞으로도 이러한 관계를 통해 더 큰 기회를 만들어갈 수 있을 것이다. 인연과 기회를 놓치지 않는 마음가짐을 가지고, 끝까지 버티며 나아가는 사람이 되자. 그렇다면 반드시 기회와 인연이 찾아올 것이다.

일상의 작은 실천이
예상 밖의 변화를 만들다

우리는 매일 수많은 선택을 한다. 어떤 선택은 뚜렷한 목표나 가치관에서 비롯되지만, 대부분은 인식하지 못한 채 이루어지기도 한다. 더 나아가, 그 작은 선택들이 일상에 스며들다 보면 결국 우리의 삶을 변화시키는 커다란 움직임으로 이어진다.

나에게 있어 그런 선택 중 하나는 상대방과의 약속을 소중히 여기고 지키는 것이다. 약속은 단순히 시간을 정하고 만나는 것을 넘어, 상대방에 대한 존중과 신뢰를 나타낸다. 그래서 나는 지키지 못할 약속은 애초에 하지 않으려고 노력한다. 혹, 부득이 약속을 지키지 못할 때는 미리 상황 설명과 정중한 사과를 하고 다시 조율하는 것을 원칙으로 삼았다.

이러한 작은 실천 덕분에 나는 일상 속에서 예상 밖의 변화를 만들어내는 경험을 몇 번이고 해왔다.

"누구나 위대한 사람이 될 수 있다. 왜냐하면 누구나 남에게 필요한 존재가 될 수 있기 때문이다."

마틴 루서 킹의 이 말처럼, 약속을 소중히 여기는 작은 실천은 나를 성장하게 했고, 주변에도 긍정적인 영향을 미쳤다.

내가 독학 관리 담임 업무를 처음 맡았을 때의 일이다. 학생들과의 상담을 통해 그들이 한국사 과목에 큰 부담을 느끼고 있다는 것을 알게 되었다. 다른 주요 과목만으로도 벅찬 상황에서, 한국사를 따로 공부할 시간은 부족했고, 강의나 교재를 활용하는 것에도 어려움을 겪고 있었다. 학생들은 점점 스트레스를 받았고, 그 부담감은 공부의 동기를 갉아먹고 있었다.

나 또한 수험생 시절 한국사를 준비하며 비슷한 어려움을 겪었던 터라 학생들의 상황이 이해됐다. 그래서 해결책을 찾기 위해 몇 년 치 기출문제를 분석했다. 분석 결과, 한국사 시험의 핵심은 기본 유형에 대한 이해와 반복적인 문제 풀이에 있다는 것을 발견했다. 배경지식을 쌓는 데 시간을 할애하기보다는, 문제 풀이를 통해 정답을 고르는 방식에 집중하면 충분히 점수를 올릴 수 있었다.

학생들과의 첫 약속은 단순했다.

"한국사 점수, 내가 올려줄게."

자신 있게 말은 했지만, 어깨가 무거웠다. 이 약속을 지키기 위해 몇몇 학생들과 함께 짧고 명확한 커리큘럼을 만들어 학습 코칭을 시작했다. 학생들과 협의해 가능한 시간을 확보하고, 그 시간을 활용해 기출문제 풀이와 분석을 중심으로 본질에 입각한 코칭을 진행했다.

몇 주 후 놀라운 결과가 찾아왔다. 함께 코칭을 진행한 학생들은 주요 모의고사에서 안정적인 기본 등급 이상의 점수를 받기 시작했고, 그 성과는 다른 학생들에게도 알려졌다. 더 많은 학생들이 나에게 한국사 코칭을 요청했고, 급기야 수능 직전에 '한국사 파이널 특강반'이 개설되었다. 기존 학원 프로그램에는 없었던 것이라 무에서 유를 창조하게 된 것이다.

특강반에 참여한 학생들은 모두 안정적인 성적을 유지했고, 어떤 학생은 "선생님 덕분에 처음으로 목표 점수를 넘겼어요!"라며 기쁨을 전했다. 작은 약속 하나가 학생들의 삶에 큰 변화를 가져왔고, 나 또한 이를 통해 교육자로서의 자신감을 얻을 수 있었다.

나는 독학 관리 담임 업무를 수행하면서 학생들에게 조금이라도 도움이 되고자, 내가 할 수 있는 사소한 약속이라도 지키기 위해 최선을 다했다. 또 다른 약속은 다름 아닌 모닝콜이었다. 아침 8시에 등원하여 밤 10시까지 공부해야 하는 시스템은 절대 쉽지 않다. 적응했다 하더라도 분명 슬럼프가 오기 마련이며, 체력이 고갈되면 일어나고 싶어도 본인의 의지와 다르게 늦잠을 자게 된다.

그러면 결국 지각을 하게 되고 하루의 계획된 일정과 패턴이 무너지면서 자신감과 자존감까지 갉아먹게 되는 경우를 너무나도 많이 보았다.

학생들 스스로는 간절했지만, 체력과 몸 상태가 따라주지 않아 누군가라도 깨워주면 좋겠다는 이야기를 많이 하곤 했다. 깨워만 주면 지각하지 않고 등원하여 열심히 공부할 수 있다고 생각했기에, 담임으로서 그 정도도 못 해줄까 하는 생각이 들었다. 그래서 "그럼 내가 매일 깨워줄게"라고 말하기도 했다. 그냥 지나가는 말이라 생각할 수도 있었겠지만, 나는 진심이었다.

그렇게 매일 아침 출근 전인 새벽 6시, 모닝콜을 통해 학생들을 깨워주는 작은 약속은 학생들의 일상에 큰 변화를 가져왔다. 학생들은 정해진 시간에 일어나 등원함으로써 학습 패턴을 유지할 수 있었고, 이는 전반적인 학습 효율성을 높이는 데 기여했다. 또한, 매일 잠깐의 통화로 아침 인사를 주고받으며 학생들과의 유대감이 강화되었고, 이는 학생들의 심리적 안정과 동기 부여에도 긍정적인 영향을 미쳤다. 한쪽만 약속을 지켰다면 지속되기 어려웠을 텐데 지금에 와서 돌이켜보면 우리 모두 진심이었기에 가능하지 않았나 싶다.

2년 전, 또 다른 약속으로 시작된 프로젝트가 있다. 한 학생이 반수를 결심하고 학원에 등록했다. 가족들의 반대에도 불구하고 용기를 내어 재도전을 시작했지만, 9월 모의고사 성적이 처참하게 나왔다. 성적표를 본 그 학생은 상담 자리에서 결국 눈물을 터뜨렸다. 스스로에 대한 실망과 좌절감이 고스란히 전해지며 나 역시 마음이 무거워졌다.

나는 그의 아픔을 공감하며, 작은 희망의 불씨를 심어주고 싶었다. 고민 끝에 제안한 것이 바로 '마음 키움, 멘탈 교실'이었다. 50일간 진행되는 이 프로젝트는 하루를 돌아보며 자신의 감정을 정리하고, 작은 성취를 기록하며 긍정적인 변화를 만들어내고자 내가 직접 고안한 프로그램이었다.

주요 활동은 간단했다. 오늘 좋았던 일 세 가지 적기, 하루를 마무리하며 느낀 점 기록하기, 과거 실패를 떠올리고 지금이라면 어떻게 대처할지 적어보기 같이 사소한 질문에 답변을 해보는 것이다.

학생들은 매일 잠들기 전, 15분 정도 시간을 내어 자신과 마주했다. 처음에는 낯설어하던 학생들도 점차 프로그램에 몰입하기 시작했다. 자기 자신을 돌아보며 감정과 생각을 정리하는 과정은 단순하지만 아주 강력했다. 50일 동안 멘탈 프로그램을 진행하면서 불안했던 학생들은 서서히 자신감과 안정감을 되찾아갔다.

결국, 수능이 끝난 후, 그 학생은 자신에게 최선을 다했다고 말하며 결과에 연연하지 않는 모습을 보여주었다. 이후에도 그는 "마음 키움, 멘탈 교실이 수험생활 중 가장 큰 위안이 됐다"라며 감사의 마음을 전했다.

학생들과의 약속을 지키는 과정에서 신뢰와 책임감이 형성되었다. 내가 약속을 지키기 위해 최선을 다하는 모습을 보면서 학생들도 자신들의 약속을 소중히 여기게 되었고, 이는 상호 신뢰 관계를 구축하는 데 중요한 역할을 했다. 더 나아가, 신뢰가 형성된 관계는 학습 환경을 더욱 긍정적이고 협력적으로 만들었다.

작은 약속과 실천은 예상치 못한 변화를 만들어낸다. 학생들과의 약속을 지키기 위해 시작한 작은 행동들은 어느새 더 큰 영향력으로 돌아왔다. 신뢰와 책임감을 기반으로 한 실천은 나뿐만 아니라 학생들에게도 긍정적인 변화를 가져왔다.

삶에서 우리가 선택하는 작은 행동은 곧 우리의 일상을 만든다. 오늘부터 일상의 작은 실천 하나를 꾸준히 해보는 것은 어떤가. 그것이 자신의 삶과 주변 사람들의 삶에 얼마나 큰 변화를 가져올지, 그 놀라운 순간을 분명 경험하게 될 것이다.

"작은 실천이 쌓여 예상치 못한 큰 변화가 찾아온다."

꾸준함이라는 무기로
만들어 낸 성과들

미라클 모닝, 독서, 운동, 공부 등 우리는 살아가면서 다양한 목표를 수립하고 이를 달성하기 위해 노력한다. 목표를 이루기 위해 누군가에게 배우거나 독학으로 학습하기도 하고, 다른 사람을 따라 하기도 한다. 이러한 과정을 나만의 스타일대로 소화시키는 지속의 노력이 필요하다. 하지만 대부분의 사람들은 이 고비를 넘기지 못하고 중도 포기하는 경우가 많다. 업무와 관련된 목표는 월급이라는 보상을 받기 위해, 또는 사업주에게 나의 가치를 입증하기 위해 꾸준히 유지할 수 있지만, 유독 자기계발은 예외이다.

매년 연말이 지나고 새해가 시작되면 자기계발 열풍이 일어난다. SNS도 예외는 아니며 오히려 더 자극제가 되기도 한다. 대부분의 사람들은 올해도 무언가 하나 제대로 이루지 못하고 허송세

월로 지나갔다는 불편함 속에서 새해에는 자신의 달라진 모습을 꿈꾼다. 보통 사람들이 가장 많이 하는 행동은 새해를 맞아 새로운 플래너를 구매하고, 헬스클럽 회원권을 끊으며, 서점에서 베스트셀러 자기계발서를 구매하거나, 새로운 학습 또는 자격증 취득을 위한 온라인 또는 오프라인 강의를 신청하는 것이다. 당신도 이 중에서 하나쯤은 시도해본 경험이 있지 않은가?

나도 예외는 아니었다. 새해에는 열심히 그리고 무언가 성과를 이루겠다는 마음으로 플래너를 구입해 며칠 동안은 아주 열심히 작성했다. 매일 아침 오늘의 계획을 세우고, 취침 전에는 하루를 돌아보며 셀프 피드백을 했다. 또한, 몸짱이 되기 위해 연초만 되면 헬스장을 기웃거리고, 이 험난한 세상을 살아가기 위해서는 나만의 무기가 절실하다는 생각에 자격증 강의를 구매하고 자기계발 서적을 열심히 읽었다. 이런 노력들이 비단 나만의 모습일까?

그렇게 수많은 시행착오를 겪으면서 나는 꾸준함이라는 무기를 내 것으로 만든다면, 이 험난한 세상을 헤쳐나가는 데 천군만마를 얻은 것과 다름없음을 깨달았다. 많은 사람들이 그 무기를 만들려고 여러 번 시도하지만, 결국 실패하는 이유는 지속하는 힘과 유지하는 원동력이 고갈되어 중도에 포기하기 때문이다.

나는 앞서 말한 꾸준함을 지속하는 구체적인 방법들을 실천한 결과 마침내 그 무기를 가지게 되었고, 그 덕분에 많은 성과를 이룰 수 있었고 지금도 이루고 있는 중이다.

나는 평소 평일에는 자정에 취침하여 약 6시간 정도의 수면을 취하고 일어나 출근을 준비하는 패턴대로 살아왔다. 주말에는 그때그때 유동적으로 생활하며 평범한 삶을 이어갔다. 그러나 바쁜 일상 속에서도 자기계발을 위한 시간을 확보하고자 결심한 나는 기상 시간을 10분씩 당기기 시작했다. 이 작은 변화가 가져온 놀라운 결과는 나의 생활 패턴을 완전히 바꾸어 놓았다.

처음에는 단순히 더 일찍 일어나기 위한 시도였지만, 점차 그 효과를 체감하게 되었다. 매일 아침 기상 시간을 10분씩 당기며, 결국 어느새 오전 4시 30분이라는 기적의 시간에 일어나게 되었다. 중요한 점은 잠을 줄이지 않고 최소 7시간의 충분한 수면을 취하려고 노력했다는 것이다. 이를 위해 자연스럽게 취침 시간도 10시 전후로 당기며, 규칙적인 수면 패턴을 유지하려 애썼다.

새벽 기상은 단순한 시간 변화 이상의 의미를 지녔다. 나는 무조건적인 새벽 기상을 목표로 삼지 않았다. 대신, 오롯이 나 자신과의 시간을 보낼 수 있는 고요한 아침 시간을 즐기기 시작했다. 이 시간은 하루를 시작하기 전에 마음을 정리하고, 명상이나 간단한 스트레칭을 통해 신체와 정신을 깨우는 데 큰 도움이 되었다. 고요한 새벽 공기를 마시며, 하루의 계획을 세우고 목표를 재확인하는 시간이 되었다.

미라클 모닝을 실천하면서 가장 크게 느낀 변화는 생산성과 자기 관리 능력의 향상이었다. 아침 시간에 집중할 수 있는 환경을 만들어, 독서나 글쓰기, 운동과 같은 자기계발 활동을 꾸준히 할 수 있었다. 이러한 활동들은 하루를 보다 의미 있게 시작하게 해주었고, 자연스럽게 긍정적인 에너지를 충전할 수 있게 해주었다. 또한, 일찍 일어남으로써 저녁 시간에도 불필요한 행동을 하지 않고 오히려 일찍 취침하는 미라클 나이트를 실천하게 되었다. 간혹 내 지인들은 정말 재미없는 무료한 생활이라고 하지만 이는 나의 전반적인 삶의 질을 향상시키는 데 기여했기에 너무나도 만족스럽다.

무조건적인 새벽 기상은 아니었지만, 꾸준히 실천한 결과 아침 시간이 나의 일상에 자연스럽게 스며들었다. 매일 아침의 작은 습관들이 쌓이면서, 점차 더 큰 변화를 만들어냈다. 제일 큰 변화는, 하루를 시작하는 긍정적인 에너지가 저녁 시간까지 이어지는 것이다. 그 덕분에 하루 종일 활기차고 집중력 있게 일을 처리할 수 있게 되었다.

독서는 내가 꼭 꾸준한 습관으로 가지고 싶었던, 개인적으로 몹시 탐내는 꾸준함의 무기였다. 그러나 초, 중, 고등학교 시절에는 학교 과제 외에는 책을 펼쳐보지도 않았고, 1년에 한두 권씩 선물로 받은 책을 읽은 것에만 그쳤다. 문해력도 부족해 글을 읽어도 이해하는 수준이 아니었기 때문에 독서를 끝까지 지속하기 어려웠다. 그래서 용기를 내어 주변 독서 모임에 가입하여 활동도 했지만, 시간이 지날수록 내가 읽고 싶은 종류의 책만 읽게 되어 독서 편식이 갈수록 심해졌다. 그러다가 우연히 유료 독서 챌린지를 발견하게 되었고 나는 특단의 조치로 유료 독서를 시도해 보기로 했다.

유료 독서 챌린지는 일정 금액을 지불하고 지정된 도서를 정해진 시간만큼 읽으며 출결 관리를 받는 방식이었다. 내가 참여한 챌린지는 하루에 최소 20분씩 독서를 해야 했고, 독서 과정을 타임랩스로 촬영하여 제출해야 했다. 처음에는 비용을 지불해야 한다는 것에 대한 괴리감이 있었지만, 한 달 동안 커리큘럼대로 따라가다 보니 2권의 책을 읽을 수 있었다. 그리고 100% 출결을 인정받으면 일정 금액도 환불을 받을 수 있기에 오히려 자극제가 되기도 했다.

그렇게 환경 설정의 중요성을 깨닫고, 몇 달간 독서 챌린지를 다시 이어가며 습관으로 만들 수 있었다. 지금은 챌린지 없이 혼자서도 책을 꾸준히 읽고 있으며, 그때 배운 대로 타임랩스를 켜놓고 독서에만 집중함으로써 핸드폰 연락을 배제할 수 있어 일석이조의 효과를 보고 있다.

현재 내가 새롭게 도전하고 있는 분야는 블로그와 SNS 활동을 통해 나를 알리는 것이다. 새벽 기상과 독서는 내가 변하기 때문에 성과가 바로바로 나타날 수 있었지만, 온라인상에 글과 사진을 올린다고 해서 많은 사람들이 관심을 가져주는 것은 아니었다. 많은 노출이 없으면 당연히 결과도 기대하기 어렵다. 그렇기 때문에 꾸준함이라는 무기로 지속적 성장이 필요한 분야라 생각했다. 그럼에도 불구하고 나는 아주 작은 희망을 보았다.

학원 업무용 블로그와 SNS 활동을 통해 마케팅 효과를 본 경험이다. 이전에는 연초에 학원 주변 아파트 단지에 지면 홍보를 하는 외에는 별다른 마케팅 활동을 하지 않아도 매년 학생들의 문의가 많았다. 졸업생 및 재원생들의 소개로 등록률도 높아 다른 홍보의 필요성을 크게 느끼지 못한 것도 있다. 그러나 2024년은 급격하게 경제 상황이 악화되면서 다른 학원들도 온라인 홍보를 활발히 하는 것을 보고, 우리도 본격적인 마케팅을 시장에 뛰어들기 시작했다.

나는 평소 관심이 있었던 브랜딩과 마케팅을 공부하며 블로그와 인스타그램 학원 계정을 개설하고 본격적인 SNS 활동을 시작했다. 퇴근 후에는 학원 마케팅 관련 책을 정독하고 배운 대로 하나씩 적용하며 열심히 노력했다.

항상 느끼는 것이지만, 열심히만 한다고 성과로 이어지는 것은 아니다. 그래도 내가 할 수 있는 것은 꾸준함뿐이었기 때문에 어떻게든 학원을 알리기 위해 최선을 다했다. 졸업한 학생들이 학원 마케팅 소식을 듣고 지역 내에서 좋은 곳이라는 이야기를 해주었고, 주기적으로 글을 올리다 보니 문의가 오기 시작했다. 점차 관심을 보이기 시작했고, 5월에는 25명이었던 학생들이 8월에는 50명을 넘어섰다. 내가 진행한 마케팅 외에도 다양한 요소들이 작용했지만, 꾸준함이라는 무기 덕분에 마케팅의 기본을 서서히 알아가며 성과를 이루게 되었다.

꾸준함이라는 무기는 우리의 일상 속 작은 선택에서부터 시작된다. 처음에는 작고 사소한 실천일지라도, 그것들이 쌓여 우리의 삶을 변화시키는 강력한 원동력이 된다. 그리고 그 작은 실천들이 모여 어떤 놀라운 변화를 만들어낼지 기대해보자. 꾸준함을 향한 여정은 지금 이 순간부터 시작된다. 사소한 노력과 열정이 열매를 맺는 그날까지, 포기하지 말고 계속 전진하자. 작은 발걸음이 모여 큰 변화를 이루는 그날까지, 우리는 함께 나아갈 것이다. 여러분의 성장을 진심으로 응원한다.

버티는 삶 속에서 얻은 인생의 교훈

모두가 각자의 인생 영화 하나씩은 있을 것이다. 나의 인생 영화는 1994년 작품으로 톰 행크스 주연의 《포레스트 검프》이다. 주인공 포레스트 검프는 지능이 평균 이하이지만 따뜻한 마음과 순수한 영혼을 가진 인물이다. 그는 남들과는 조금 다르지만, 주어진 상황을 긍정적으로 받아들이고 묵묵히 자신의 길을 걸어간다. 한 평범한 남자의 파란만장하면서도 진실된 인생을 통해 끈기, 순수함, 그리고 사랑의 가치를 깨닫게 하는 감동적인 이야기이다.

어린 시절, 주인공 포레스트는 다리에 보조기를 착용해야 할 만큼 신체적으로 약했다. 하지만 어느 날 괴롭힘을 당하던 중 달리기 시작하면서 다리 보조기가 부서지고, 그는 자유롭게 달릴 수 있게 된다. 이 영화가 개봉했을 당시, 나는 초등학생 시절을 보내고 있었으며, 기관지 천식 때문에 뛰는 것은 상상조차 할 수 없었던 시기였다. 영화를 보면서 "뛰어, 포레스트! 뛰어!"라는 대사가 나오는 장면은 나에게 동경의 대상이 된 장면이기도 하여 아직도 잊을 수가 없다.

이 영화를 처음 봤던 어린 시절의 나는 사실 인생의 고난들을 이겨내는 주인공의 모습이 보이지 않았다. 그저 하나만 기억에 남는다. 너무나도 허약했던 주인공이 결국 달린다는 것. 아마도 나의 어린 잠재의식 속에서도 뛰고 싶다는 열망이 가득했던 것 같다.

성인이 된 이후에도 몇 번이나 다시 찾아보게 되었다. 주인공 포레스트는 인생의 역경을 이겨내며 계속 달리는 장면이 나오는데 그저 단순한 달리기가 아니라 나에게는 끊임없이 이어지는 인생의 고난 속에서도 멈추지 않는 끈기와 진정성을 표현하는 모습으로 다가왔다.

나는 불과 얼마 전까지만 해도 나를 포레스트와 동일시할 수 있는 날이 오리라 짐작도 하지 못했었다. 그 말인즉슨, 나 또한 천식이라는 역경을 이겨내고 이제는 매일 같이 달리고 있다.

이제 나의 이야기를 하고자 한다. 앞서 말했듯이, 나는 이 세상에 태어날 때부터 생사의 갈림길에서 태어났고, 너무나도 허약하기만 한 존재였다. 오죽하면 책가방의 무게도 견디지 못해서 항상 조부모님이나 부모님께서 학교까지 배웅을 해주셨고, 기관지 천식으로 인해서 어떤 때는 숨을 쉬는 것조차 힘들었기에 나에게 있어 달리기는 그저 그림의 떡이었다. 달리기는커녕 빨리 걷기만 해도 숨이 차던 어린 시절이 생생하다.

그랬던 내가 달리기에 관심을 가지기 시작한 것은 불과 얼마 되지 않았다. 코로나 시기에 외출도 마음대로 하지 못하던 시기에 새벽 기상하여 플래너를 작성하고 우연히 방문 창밖을 바라보았다. 이른 시간임에도 불구하고 몇몇 사람들이 공원에 나와 걷기도 하고 뛰기도 하는 것 아닌가. 그 호기심에 이끌려 나도 모르게 신발을 신고 공원으로 향했다. 그때가 9월이었으니 새벽이라고 해도 전혀 춥지 않았고 아주 상쾌한 공기를 마실 수 있었다. 출근 시간까지 여유가 많지 않았기에 나는 가볍게 걷기 시작했다. 원래 걷는 것을 싫어하지는 않았지만, 수험생 이후로 시간을 내서 산책한 적은 별로 없었다. 더군다나 그것도 새벽 일찍이 말이다. 호기심으로 시작된 색다른 경험이 주는 신선함으로 나는 다음날도, 그다음날도 계속 산책을 하게 되었다.

그렇게 새벽 기상과 더불어 새벽 산책이 나만의 루틴으로 잡혀가던 어느 날. 유튜브 알고리즘에 나의 인생 책 중 하나인《회복탄력성》의 저자 연세대 김주환 교수님의 영상들이 떠오르기 시작했다. 그 영상들 중 하나가 바로 "Zone2" 운동법 소개였다. 심박수를 자신의 최대 심박수의 60~70%로 유지하는 저강도 유산소 운동을 의미한다. 심장 박동은 총 다섯 구간으로 나뉘는데, Zone1부터 Zone5까지로 나누었을 때 이 중 두 번째가 Zone2 구간이다. 살짝 숨이 차지만 대화를 할 수 있는 정도의 운동이 이 구간 운동에 속한다. 격렬하지 않으면서 운동의 강점을 극대화시키는 Zone2 운동은 신체 건강뿐만 아니라 뇌세포 재생, 인지 능력 향상에도 큰 도움을 준다. 이 운동을 꾸준히 실천하면 폐 기능을 강화하여 몸이 하는 모든 일을 남들보다 잘하게 되는 지구력과 끈기를 갖게 되고 노화를 최대한 늦춘다. 또한, 신체에 산소를 공급해 몸의 회복 능력도 높아진다. 한마디로, 꾸준히 지속하면 몸의 면역력을 높여준다는 말을 듣고 시도했다. 최대 심박수에서 내 나이를 빼고 계산을 해보니 적합한 심박수는 109~127bpm이었다. 그러나 현실은 108bpm도 벅찬 상태였다. 그래서 현재의 나 자신을 인정할 수밖에 없었다.

역시나 가볍게 뛰기만 해도 숨이 차는 것은 여전했다. 그럼에도 절대 포기하지는 않았다. 워치를 항상 착용하여 실시간 심박수를 확인하며 몇 달간 지속을 해보니 이제는 신기하게도 숨이 덜 차는 것이 아닌가. 그래서 조금씩 속도를 내기 시작했고 나의 나이에 맞는 평균 기준까지 향상시킬 수 있었다. 그러면서 이제는 공원 한 바퀴인 2Km를 쉼 없이 뛰고 있는 것이 아닌가!

이제는 나도 전력질주의 달리기는 아니지만 나의 연령대에 맞는 심박수에 맞춰 뛸 수 있다는 사실만으로도 너무나 기쁘고 행복했다. 그렇게 몇 년을 꾸준히 나만의 방식으로 지속적인 러닝을 이어왔다. 점차 코로나 시기가 가고 사람들이 외부 활동을 시작하면서 달리기 붐이 일어나기 시작했다. 그래서 다양한 마라톤 대회가 개최되던 차에 한 지인이 마라톤을 나간다는 소식에 나도 모르게 관심을 보이고 있었다. 함께 하지 않겠냐는 말 한마디에 나는 기다렸다는 듯이 10월, 개천절에 개최되는 서울 국제 국민 마라톤을 인생 처음으로 신청했다.

하지만 역시나 인생은 순탄치 않다. 신청 취소 기간도 한참 지났을 정도의 시간이 지난 후에야 함께 마라톤에 나가기로 한 지인과 연락이 되었다. 각자가 신청한 마라톤 거리가 다르다는 것을 그때 알게 되었다. 10Km를 신청했다는 지인의 말에 나는 너무 놀랄수밖에 없었다. 나는 하프, 그러니깐 21Km를 신청했기 때문이다. 그 지인은 평소 무에타이를 즐기는 아마추어 선수급이기에 나는 당연히 하프 마라톤을 준비할 것이라 생각했지만, 그것은 그저 내편견으로 이루어진 착각이었다.

이미 취소 기간도 지난 상태였기에 나는 둘 중 하나를 선택해야만 했다. 취소 대신 포기를 할 것인지 그냥 하프마라톤을 혼자 나갈 것인지 말이다. 혹여나 무리해서 호전되었던 기관지 천식이 더 악화하지나 않을까 하는 걱정도 되었고, 일단은 무엇보다도 미지의 세계에 대한 두려움이 가장 컸다. 고민 끝에 나는 이 또한 하늘이 내게 주신 기회라 생각되어 받아들이기로 했다. 그 대신 기록과 완주에 대한 마음은 내려놓고, 참가하는 것만으로도 내 인생의 역사를 쓰는 날임을 자랑스럽게 여기기로 했다. 그때부터 조금씩 실전 연습을 하기 시작했다. 주말이나 시간 여유가 생길 때마다 평균 2바퀴는 뛰려고 노력했다.

그렇게 나만의 속도대로 마라톤 대회를 준비했다. 대회 날짜가 다가올수록 나는 조바심이 나면서 다시 자신감이 하락하기 시작했다. 아무래도 실전 연습을 통해서 자신감을 회복해야겠다는 생각이 머릿속을 스쳤다. 말이 실전 연습이지 혼자서 21Km를 뛴다는 것은 정말 쉽지 않았다. 그럼에도 나는 그 길을 걷는 것만이 나의 자신감을 회복하는 길이라 확신하고, 대회 1주일 전 집 앞 공원을 10바퀴를 뛰면서 나만의 훈련을 지속했다.

그렇게 개천절이 왔고, 나는 서울 국제 국민 마라톤이 열리는 여의도로 향했다. 처음 참가하는 마라톤, 그것도 하프마라톤이라는 부담감과 설렘이 교차했다. 지하철을 타고 행사장으로 가는 길에는 이미 러너들로 가득 찬 풍경이 눈에 들어왔다. 저마다의 준비를 하고 있는 사람들 속에서 나 역시 묘한 긴장감을 느꼈다. 행사장에 도착했을 땐 이미 발 디딜 틈 없이 붐볐다. 시작 시각이 다가오면서 마음은 분주했지만, 물품 보관소 앞에 길게 늘어선 줄을 보며 고민에 빠졌다. 줄을 기다리다가는 출발을 놓칠 것 같아, 결국 가방을 메고 달리기로 결심했다. 예상치 못한 상황에도 불구하고 출발선에 서니 묘한 자신감이 들기 시작했다.

출발 신호가 울리고, 모든 참가자들이 각자의 페이스로 나아가기 시작했다. 처음에는 설렘과 긴장으로 발걸음이 가벼웠다. 하지만 얼마 지나지 않아 내게 주어진 거리의 길이를 실감하게 되었다. 초반 5km 구간은 비교적 무난하게 지나갔다. 주변 사람들과 함께 달리니 혼자라는 느낌도 줄어들고, 어느새 페이스에 익숙해져 갔다. 그러나 10km를 넘어가면서부터 몸은 점점 무거워지고, 심장은 빠르게 뛰기 시작했다. 호흡도 가빠졌지만, 나는 결코 멈추지 않았다.

중반쯤, 내 머릿속에는 수많은 생각들이 스쳐 지나갔다. '내가 이걸 할 수 있을까?'라는 의문과 '여기서 멈추면 다시는 도전할 용기가 없을지도 몰라'라는 다짐이 반복됐다. 동시에 어린 시절 숨조차 쉬기 힘들었던 나의 모습이 떠올랐다. 그때마다 나는 나 자신에게 속삭였다.

'여기까지 왔으니 끝까지 가보자. 너는 충분히 할 수 있어.'

15km 지점에 다다랐을 때는 다리가 점점 무겁게 느껴졌다. 한 걸음 한 걸음이 고통스러웠지만, 주변에서 함께 달리는 사람들의 모습이 나를 다시 일으켜 세웠다. "나도 할 수 있다"라는 생각이 점점 강해졌다. 피니시 라인까지는 이제 6km밖에 남지 않았다는 사실이 나에게 작은 희망을 주었다.

마지막 2km는 그야말로 내 인생에서 가장 힘든 순간 중 하나였다. 가방을 메고 달리는 것만으로도 체력 소모가 컸지만, 스스로를 다독이며 조금씩 앞으로 나아갔다. 그 순간, 수많은 연습과 포기하지 않았던 지난날들이 내게 힘을 주는 것 같았다.

마침내 피니시 라인이 보였다. 심장은 터질 것 같았고 다리는 마치 내 것이 아닌 것처럼 느껴졌지만, 끝까지 달릴 수 있었다. 결승선을 통과하는 순간, 나의 감정은 말로 다 표현할 수 없을 정도로 벅차올랐다. 어릴 적 천식으로 인해 걷기도 힘들었던 내가, 하프마라톤을 완주했다는 사실이 믿기지 않았다.

이날의 경험은 단순히 마라톤을 완주했다는 성취감에 그치지 않았다. 나는 내 인생의 한계라 생각했던 임계점을 뛰어넘으며 스스로에게 증명했다. 끝까지 버티면, 그리고 포기하지 않으면 불가능해 보이던 일도 가능하게 된다는 것을. 주변에서 나를 응원해 주던 사람들과 함께 달렸던 순간들도 잊을 수 없다. 이 경험은 내게 평생 잊지 못할 자부심과 감사함을 안겨주었다.

포레스트 검프의 달리기처럼 나의 마라톤 역시 나 자신을 치유하고 한계를 극복하는 여정이었다. 이번 하프마라톤 완주를 통해 나는 나 자신을 위로하며, 과거의 연약했던 나와 작별을 고했다. 그리고 새로운 도전을 향해 한 걸음 더 나아갈 용기를 얻었다.

삶은 마라톤과 같다. 포기하지 않고, 한 걸음씩 앞으로 나아가는 그 과정에서 우리는 진정한 자신을 발견할 수 있다.

실패와 인내가 전해주는 뜻깊은 메시지

혹시 '중꺾마'라는 말을 들어본 적이 있는가? 월드컵을 본 사람들이라면 "꿈은 이루어진다"라는 문구와 함께 "중요한 것은 꺾이지 않는 마음입니다"라는 문구를 한 번쯤은 봤을 것이다. 이 문장을 줄여서 '중꺾마'로 불리는데, 요즘 시대를 관통하는 유행어가 되었다. '중꺾마'는 과거 e스포츠 리그 오브 레전드 월드 챔피언십의 인터뷰에서 유래된 표현이다. 이후, 카타르 월드컵 H조에서 최약체로 평가받던 대한민국이 16강 진출을 확정 짓던 순간, 축구 국가대표 선수들이 관중에게서 전달받은 "중요한 건 꺾이지 않는 마음"이라는 문구가 적힌 태극기를 흔들면서, 전 국민이 지켜보던 생중계 방송을 통해 널리 알려지게 되었다.

그렇게 이 문구는 급격히 확산되며 유행어로 자리 잡았다. 이제

'중꺾마'는 어떠한 경우에도 포기하지 않는 강한 의지를 나타내는 말로 철저한 실패를 경험한 사람들에게 주는 메시지가 되었다.

나는 '중꺾마'도 좋지만 '중꺾그마'라는 말을 더 선호한다. 몇 년 전, 청룡영화상 시상식에서 여우조연상을 수상한 배우 전여빈의 수상 소감이 참 인상 깊었다. "중요한 건 꺾여도 그냥 하는 마음. 얼마든지 꺾여도 괜찮다. 마음 하나 있으면 그 마음이 믿음이 되어서 실체가 없는 것이 실체가 될 수 있도록 엔진이 되어줄 것이다. 혹시 누군가 자신의 길을 망설이고 있고 믿지 못하고 있다면 믿어도 된다고, 너무 응원해 주고 싶다."

이 소감을 듣는 순간 나도 모르게 눈물이 글썽거렸다. 나뿐만 아니라 하루하루 변하지 않을 것 같은 어둠 속에서 꾸역꾸역 살아가는 사람들이라면 모두가 공감할 것이다. 그럼에도 우리는 살아가고 있다. 그래서 이 수상 소감이 나에게 너무나도 위로가 되었다. 내가 인생을 그리 많이 살았다고는 할 수 없을지 몰라도, 반 80이 되어보니 조금은 알 것 같다. 앞서 말했듯이, 삶은 고통의 연속이라고 했다. 살아가다 보면 수많은 시련과 슬픔이 폭풍우처럼 쏟아진다. 때론 감당할 수 없을 것 같기도 하다. 그런데 그 폭풍우를 무조건 감당하려고 하다 보니 너무나도 힘든 것이 아닐까. 그렇게 고군분투하던 과거의 내가 떠오르니 참 안쓰럽다.

그러나 이제야 알겠다. 무조건 꺾이게 되어 있다. 그것은 나의 의지가 부족해서도, 내가 마음이 없어서도 아니다. 그러니 내가 할 수 있는 만큼 묵묵히 그냥 나아가는 것이다. 앞으로 나아가는 나 자신을 믿고서 말이다.

인생을 게임처럼 즐기는 사람들을 보면 너무 신기했다. 나는 게임을 좋아하는 편은 아니지만, 승부욕이 있기에 어떻게든 이기려고만 했다. 그러다가 게임에서 죽거나 미션을 실패하면 도무지 다시 하고 싶은 마음이 사라졌다. 그런데 "죽으면 다시 하지 뭐"라며 즐기는 사람들을 보면 너무 신기했다.

인생도 마찬가지더라. 실패했다고 과거의 나처럼 감정적으로 받아들이고 회피하는 것이 아니라 그냥 다시 하는 것이다. 앞으로 나아가다 보면 어제의 나보다, 과거의 나보다 좋아졌으면 좋아졌지 더 안 좋아질 수는 없으니까.

나 역시 지금도 수많은 실수와 실패의 과정을 겪고 있지만, 이제는 묵묵히 받아들이게 되었다. 그 계기가 바로 '행동력'이라는 프로그램을 수강한 이후다. 토요일 아침 7시에 열리는 타이탄 북클럽에 초대되어 처음 봄들애인문연구소에 갔을 때의 일이다. 나는 이런 곳이 있다는 사실에 너무나도 놀랐다. 그 이유는 내가 정말 꿈꾸던 공간이었기 때문이다. 나는 미래에 많은 사람들과 소통하고, 책을 읽고 나누며, 선한 영향력과 시너지를 발휘할 수 있는 상담 및 교육센터를 운영하고 싶다는 소망을 품고 있었다. 독서 토론이 끝나고 처음 방문한 분들과 함께 자기소개 및 담소 시간이 마련되어 있었다. 그때 처음으로 봄들애인문연구소의 대표님과 이사님과 이야기를 나누게 되었다. 현재의 근황과 인생의 고민들을 나누던 차에, 이사님께서 하신 한 마디가 나를 움직이게 했다.

이사님은 나의 인생 목표를 물어보셨다. 그에 대해 나는 현재 업무에 대해 말씀드리고, 10년 후에는 나만의 공간을 가지고 싶다며 이곳이 롤모델이라고 말씀드렸더니, 너무나도 놀라셨던 기억이다. 이미 내가 학원을 운영하고 있는 원장이라고 생각하셨지, 직원이라고는 생각도 못 하셨다는 것이다. 사실 이곳과 인연이 된 계기는 학원 운영 마케팅에 관한 커뮤니티에서의 만남이었기 때문이다. 그러다가 내게 10년이 아니라 더 단축해보시지 않겠냐고 하셨고, 그게 무슨 말씀인가 했더니, 앞으로 행동력을 키워 퀀텀 점프를 해나가는 것에 대한 내용이었다.

그 이야기를 듣자마자 내 온몸에 소름이 돋기 시작했다. 왜냐면 그날 이동하면서 읽었던 책의 내용이 고스란히 머릿속에 떠올랐기 때문이다. 그 책은 바로 《타이탄의 도구들》에도 소개되었던 데릭 시버스의 《진짜 좋아하는 일만 하고 사는 법》이라는 책의 내용이다. 저자가 버클리 음대에서 1학년을 시작하려던 참에 우연히 귀인을 만나면서 인생이 바뀐 것이다. 귀인은 버클리 음대를 졸업한 사람으로부터 "속도 제한이 없다는 것만 이해한다면 2년 만에 졸업할 수 있다"라는 이야기를 해주었고, 2년 동안 그의 제자가 되었다. 그리고 나서 버클리 음대를 총 2년 반 만에 졸업할 수 있었는데, 그때 깨달은 것이 바로 "만약 당신이 대다수 사람보다 더 추

진력이 있다면, 그 누구의 기대도 추월할 수 있다"라는 것이었다.

이사님의 이야기와 책의 내용이 오버랩되면서 이야기에 귀를 기울이게 되었다. 보통 사람들은 목표를 생각만 하고 '언젠가는 이루어지겠지'라고 생각하지만, 행동하지 않으면 아무것도 변하지 않는다는 것이다. 그리고 연구소에서 진행하는 성인들 대상 코칭 프로그램인 '행동력'을 소개해주셨다. 항상 말하듯이, 아무것도 하지 않으면 아무 일도 일어나지 않는다는 것을 너무나도 잘 알고 있었기 때문에, 나도 정말 공감했다. 그리고 지극히 평범했던 내가 지금에 이르기까지 수많은 과정들이 있었지만, 가장 중요한 것은 환경이었다. 미라클 모닝, 독서, 러닝의 습관을 시작으로 마라톤에 이르기까지 '챌린지'라는 환경 설정이 없었다면 나 혼자서는 이루지 못했을 것이다. 그리고 또 중도에 포기하며 이 탓, 저 탓, 세상 탓, 그저 탓만 하면서 과거의 나를 벗어나지 못했을 것이 자명했다.

'행동력' 과정을 듣는다고 무조건 10년의 꿈이 1년 안에 이루어지지는 않을 것이다. 그러나 나는 1년은 아닐지라도 분명 단축할 수 있을 것 같다는 확신이 들었다. 지금의 내가 성장했던 메커니즘과 너무 똑같았기 때문이다. 환경 속에 나를 그냥 넣는 것이다. 그리고 지속하다 보면 어느 순간 꺾임을 느낄 것이고, 그냥 하다 보면 분명 성장하는 메커니즘 말이다. 누군가는 그렇게까지 해야 하느냐고 말할 수도 있다. 하지만 나는 간절했다. 자기계발을 시작한 이유도 마찬가지다. 인생의 목표가 무너지면서 지긋지긋한 수험생활을 끝냈지만, 내 인생은 변하지 않았다. 언제까지 이렇게 지지부진하게 살아야 하나, 이번 인생은 정말 이대로 끝인가라는 절망 속에서 허우적댔다. 그럼에도 마음속에서는 반드시 성공하고자 하는 불씨가 희미하게 남아 있었기에 자기계발을 시작할 수 있었다.

그렇게 내가 바뀌기 시작하니, 내가 나를 이해하고 다독이고 바라보며 믿을 수 있게 되었다. 나는 그 자리에서 10주간의 행동력 코칭 과정을 묻고 따지지도 않고 등록했다. 그리고 10주간의 과정에 나 자신을 몰아넣었다. 녹록지 않은 과정이었다. 매주 1번의 수업이 있는데, 그전까지 최소 3권의 책을 탐독하고 그 안에서 내가 행동해야 하는 것들을 리스트업하고 실천하는 부분들을 정리해서 발표해야 했다. 말 그대로 모든 것이 행동이었다. 1달에 1권 읽어도 많이 읽었다 싶은데, 1주에 3권이라니 정말 앞이 캄캄했지만, 되더라. 어떻게든 되더라.

그렇다고 내가 모든 책을 처음부터 끝까지 정독할 수는 없었다. 하지만 어떻게든 목표 달성을 하려고 나의 자투리 시간을 활용하고, 쓸데없이 낭비하는 시간을 줄이니 어느새 행동하고 있었다. 이 수업에서 가장 크게 배운 것은 바로 이것이다. 생각하면서 행동하고, 행동하면서 생각한다. 그리고 완벽보다 완수하자! 항상 무언가를 실행하기 전에는 생각과 고민이 앞서고, 완수보다 완벽을 지

향했던 나의 정체성을 바꾸기에는 안성맞춤인 프로그램이었다.

그렇게 10주간의 과정이 끝났다. 과연 나는 어떻게 되었을까? 10년의 꿈을 이루었을까? 표면적으로 바뀐 것은 없다. 그러나 이것 하나는 자신 있게 말할 수 있다. 영화 《거미집》의 대사 중에서 "내가 재능이 없는 걸까요?"라는 질문에, "너 자신을 믿는 게 재능이야"라는 말이 나온다. 믿음이라는 게 참 다른 사람을 향해서 믿음을 줄 때는 그 마음이 너무 아름다운 마음 같아서 믿어주고 싶은데, 나 스스로에게는 왜 그리 힘든지 모르겠다. 내가 다른 사람을 믿어줄 수 있는 마음만큼 나 스스로도 또 믿어줄 수 있으면 좋겠고, 혹은 내가 누군가를 믿어주지 못할 때, 나를 사랑하는 그 마음으로 믿어주고 싶다. 실패와 인내가 나에게 주는 메시지다.

참고문헌

【국내서】

강환규, 《미라클 브레인》, 라온북, 2024.

김주환, 《회복탄력성》, 위즈덤하우스, 2019.

최성애, 《최성애 박사와 함께하는 행복일기》, 책으로여는세상, 2014.

조벽, 최성애, 《성장할 수 있는 용기》, 해냄출판사, 2022.

오현호, 《행동력 수업》, 스카이마인드, 2024.

【번역서】

할 엘로드, 김현수, 《미라클모닝》, 한빛비즈, 2016.

멜 로빈스, 정미화, 《5초의 법칙》, 한빛비즈, 2017.

로버트 기요사키, 안진환, 《부자 아빠 가난한 아빠》, 민음인, 2018.

마쓰다 미쓰히로, 우지형, 《청소력》, 나무한그루, 2007.

팀페리스, 박선령, 정지현, 《타이탄의 도구들》, 토네이도, 2020.

그랜트 카돈, 최은아, 《10배의 법칙》, 부키, 2023.

데릭 시버스, 정지현, 《진짜 좋아하는 일만 하고 사는법》, 현대지성,
        2024.